好的教育

理工科父母独创的80个教养实例

史文杰——著

上海遠東出版社

图书在版编目（CIP）数据

好的教育/史文杰著. —上海：上海远东出版社，2019
ISBN 978－7－5476－1451－8

Ⅰ. ①好…　Ⅱ. ①史…　Ⅲ. ①家庭教育　Ⅳ. ①G78

中国版本图书馆 CIP 数据核字（2019）第 033399 号

策　　划　曹　建
特约策划　孙　晶
责任编辑　唐　鋆
封面设计　任书辰

好的教育

史文杰　著

出　　版　上海遠東出版社
（200235　中国上海市钦州南路 81 号）
发　　行　上海人民出版社发行中心
印　　刷　河北鸿祥信彩印刷有限公司
开　　本　635×965　1/16
印　　张　18
字　　数　224,000
版　　次　2019 年 5 月第 1 版
印　　次　2019 年 5 月第 1 次印刷
ISBN 978－7－5476－1451－8/G·921
定　　价　58.00 元

好的教育是远离符号化的教育，是让孩子从生活中看到事物间的内在关联，让逻辑成为他们生活中的自然语言的教育。这样教育出来的孩子，长大后就自然会有很强的思维能力，能为以后的学习打下良好的基础。

目　录
CONTENTS

引 子

太阳系小行星（28628号）史恺昇

德国哲学家康德曾说："世上唯有两样东西能让我们敬畏：一是头上的灿烂星空，一是内心的道德律令。"

最让我们感到意外的一件礼物，是麻省理工学院授予的、以"史恺昇"为太阳系28628号小行星命名的证书。从此，他有了一颗以自己名字命名的太阳系小行星。

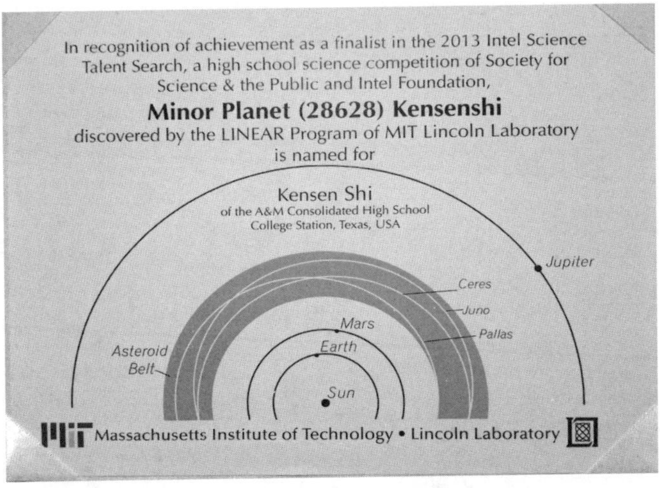

"太阳系小行星（28628号）史恺昇"命名证书

1. 12年级，一个难以忘怀的学年！

2012年秋，儿子史恺昇进入了美国高中四年级。尽管他以前成绩优异，也获得过不少荣誉，但12年级是他最有收获的学年。他这一年既忙碌又轻松，短短六个月内发生了好几件令人终生难忘的大事。

在12年级，除了准备必要的大学申请材料，恺昇把更多的课余时间花在了人工智能研究上，并先后参加了全美两个最大的高中生科研大赛。功夫不负有心人，他在研究中发现了一个更好的计算机导航算法，该方法比当时所有发表的文献要高效好几倍。他因此分别获得了两大科研大赛的头奖和第6名，并赢得了12万美元的奖金。一时间，他成了红人，美国福克斯电视台在第一时间对他进行了实况采访，各大媒体和电视台也做了追踪采访报道。尤其是雅虎的一篇报道，引发了美国许多网民对美国十二年义务教育的激烈争论。

那几个月，还发生了另外几大喜事。

其中最有趣的，是一个发生在美国白宫的花絮。我儿子在白宫受到奥巴马接见的时候，负责保安的人员千叮咛万嘱咐，提醒他口袋里千万不要有任何东西，连一张纸都不行！原来，在白宫曾经发生过一个尴尬的“突发”事件。一天，美国总统正想与被邀的学生握手，可那学生却把手伸进了口袋，想去掏什么东西。那时总统保安立刻冲了上去，把该学生摁住。保安很快从学生口袋里掏出了一样东西，这才发现口袋里只是藏着一份给总统的请愿书。

对儿子最有价值的一份荣誉，也许要数麻省理工学院林肯实验室颁发的“小行星命名证书”了。小行星命名是一项经过国际小行星协会批准的永久性荣誉。我们太阳系除了八大行星之外，有不少新发现的小行星。早期小行星的命名一般都是根据古代神话人物命名的，后来绝大多数小行星的命名是为了纪念特定地点、组织、事件等，或表彰一个人在某领域做出的成绩。在太阳系中，那颗序号为 28628 的小行星就从此以“史恺昇”命名了。

而我最难忘的一份邀请，是陪同儿子前往著名的纽约股票交易所。2013 年 1 月 15 日，儿子应邀在鸣钟台为当天的闭市敲钟。那天下午，我们随同主办方负责人一起到了交易所，纽交所一位领导亲自迎接了我们。自“9・11”事件以后，纽交所保安十分森严，取消了公众外围的参观活动，给纽交所增添了更多的神秘感。那位接待我们的领导介绍说，纽交所交易平台大厅是从来不对公众开放的，更不用说那个鸣钟台了。他强调说，大多数上市老板都没有在鸣钟台敲钟的机会。那次能与纽交所零距离接触，让我长了不少见识，可算是我一生最难逢的一次机会。

当然，最让儿子引以为傲的，一定是斯坦福大学、哈佛大学、麻省理工大学发出的录取函。12 年级第一学期末，恺昇开始陆续收到录取通知书，让我了解到美国最顶尖大学也会不遗余力地抢生源。比如，哈佛大学在正式发放录取书前，就提前三个月通知了恺昇，告诉他“已经被录取了!”我当时十分诧异。后来了解到这也是哈佛大学既有的“内部政策”：提前通知极少数非常想录取的新生。而在决定奖学金时，尽管美国名校都公布了“按学生家庭经济状况授予奖学金（need-based scholarship)”的政策，但斯坦福大学还是为了与哈佛大学竞争，后来大幅追加了恺昇的奖学金，以吸引他去斯坦福大学就读。尽管接二连三的荣誉让恺昇受宠若惊，但它们大多毕竟只是锦上添花，能有什么比获得梦寐以求的学校青睐更重要的呢?

也许，人们此时不禁想问：

史恺昇是怎么成长的?

父母在教育中究竟起了什么作用?

我们到底是如果进行家教的?

要知道我们做了什么，就先要了解我们不做什么。许多时候，想要有所为，还真的先要有所不为。

2. 父母真想“有所为”，先得“有所不为”

家长都盼望自己的孩子成为有出息的人。勤学苦练的观念在人们心中根深蒂固，大家都让孩子从幼儿起接受“刻苦学习”的教育。这种做法看似很负责，但许多时候却是最大的不负责。

说到这种教育方式对儿童产生的影响，我不由想起几年前的一件往事。儿子上大一那年的春天，我们全家回上海探亲。儿子在外婆家住了一个多星期后对我说：“好想弹一会儿琴。”小区附近恰好有一家钢琴学习班，我于是陪儿子去那儿试试，看看能否在那儿弹上两小时。

那家琴房的条件还不错，里面有七八间琴室。去那儿上课和练琴的孩子全是幼儿、小学生，我儿子在那儿显得有些格格不入，幸好他并太不介意。在他练琴的时候，一位母亲带着 7 岁左右的男孩前来报名参加学琴。那小男孩在琴房左顾右盼，听着从各个琴室传出的钢琴声，满脸兴奋好奇的样子。办完注册手续后，那小孩的母亲却突然冲着孩子说：“是你自己一定要学钢琴的，现在为你付钱报了名!”她语气很严肃，脸上却露出自豪的满足感。她拉着小孩离去，继续严厉地说：“你以后不好好练，看我怎么收拾你!”她的话音刚落，男孩的脸色就刷地暗了下来，一脸忧心忡忡的样子，全然没了刚才的兴奋劲。此时此刻，小男孩茫然的神态在我脑海中定了格，我不由问自己：如果当初也给我儿子这种压力，他今天是否还会想来这里练琴呢?

那位母亲好心办了两件坏事：她把玉石当石头用，硬把孩子的“我要学”变成了“要我学”；她又暗示孩子弹琴是件苦差事，似乎对孩子说“你从此摊上事了”。这男孩本来打心底里想学琴，却让过度热心的母亲泼了盆冷水。在场的家长们都能领会那母亲的用意：她想督促孩子以后要刻苦练琴。

儿童是“短视”的，但父母不该短视。儿童的认知水平还处于感性阶段，他们大脑只对好玩的事情感兴趣。教育孩子持之以恒没有错，错的是在过程中没有爱惜孩子的兴趣和热情。无论学什么，一旦兴趣没了，即使暂时能敷衍学下去，心思却早已不在学习上面了。这就不难理解为什么许多孩子钢琴考完了十级，就再也不想弹琴了。

迫使儿童过早“懂事”是不明智的。教育需要付出，更需要掌握符合孩子心理的教学理念。在与儿子共同成长的 18 年中，我得到的感悟不是一言两语能带过的。如果一定要用一句话总结，那么用这句话来概括是再恰当不过了：父母想有所为，先要有所不为。

家教中哪些该有所为，哪些该有所不为，什么才是正确的教子方法，这些是本书所要传递的内容之一。有人也许会说，别人的成功不能复制。的确，每个孩子不同，每个家庭也不一样，但他山之石可以攻玉，我也希望书中分享的感悟能起到抛砖引玉的作用。正确的教育理念如同一把瑞士万能刀，能帮助我们解决许多实际问题。父母有了正确的教育观，就可以少走他人的弯路，找到属于自己的育儿捷径。

第一章

孩子学习的兴趣从哪里来

学而不思则罔，思而不学则殆。

知之者不如好之者，好之者不如乐之者。

——孔　子

积极的鼓励比消极的刺激来得好，但是鼓励法也不可用得太滥，一滥恐失其效用；刺激法若用得其当，也是很好，不过只可偶一为之而已。

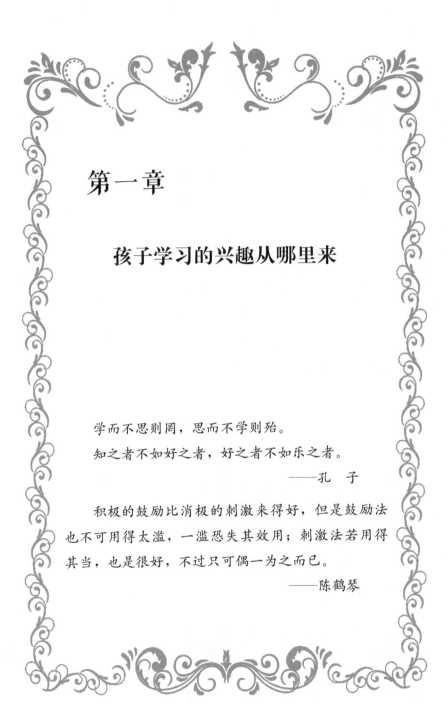

——陈鹤琴

1. 保护孩子的好奇心

儿子快满周岁的时候，迎来了他的第一个春天。屋外的树枝竞相吐出翠绿茸茸的嫩芽，好奇地张望着新奇的世界。妻子的一位同事来家里做客，她走到婴儿床前观望刚睡醒的儿子。没多久，她回过身来对妻子十分肯定地说："你儿子很聪明!"妻子觉得朋友在说客套话，就不经意地回道："现在就看得出来?"但同事却不含糊："你没看见，他刚才眼睛睁得大大的，还很有神，不停地在上下左右打量着我。"也许儿子那时真的想问："这个人到底是谁啊?"

儿童都具有天生的好奇心。对他们来说，身边的一切都是新鲜和神秘的。有个暑假，我带着儿子回上海探亲。一天去水果店买点东西，看见店门口蹲着一个 4 岁左右的小男孩。小孩嚷嚷道："爸爸，这个虫好玩，脚好长!"我瞥了一眼，看见小孩跟前有一只蛮大的蚱蜢。他爸却懒得理会，边拿着一袋水果往外走，边对他儿子喊："有啥好玩的，别忘了跟上!"小孩顺从地站了起来，然后茫然跟了上去。"没什么好玩的!"就这句话，足以抹杀掉孩子的好奇心。

每位父母亲都希望自己的孩子能成为有智慧的人。可许多家长没意识到，好奇心就是儿童智慧的嫩芽。小孩有问不完的为什么，像"月亮为什么总跟着自己走""鱼为什么不会被水淹"，等等。在孩子眼里，好奇的事没有简单与复杂之分，他们常会问出一些让父母一时很难解释清楚的问题。不少家长觉得孩子太烦，有时含糊其辞地应对，有时甚至拒绝孩子的提问。久而久之，孩子难能可贵的好奇心就这么被灭了。

不过，要给儿童解释清楚每个问题也不是一件容易的事。育儿不仅需要耐心，还需要好的手段。这么多年来，我发现“善用类比”很管用。这个方法不仅在日常交流中有用，在科学交流中也是常用的手段。例如，科学家常把“电压”比为“水压”，“原子结构”看成“微型太阳系”，“核反应过程”比作“倒下的多米诺骨牌”，等等。而恰当的比喻对提升孩子的理解力就更有帮助了，它不仅能给孩子鲜明的视觉画面，而且容易让孩子理解深奥的知识。

记得有一次，儿子好奇地问我：“那个横写的 8 这个数是什么意思?”“哦，那符号‘∞’叫无穷大，是非常非常大、大得没有限制的意思。这是数学中的一个概念。无穷大不是一个数，而是一个概念。”

我刻意强调“数”和“概念”的区别，可解释了半天他还是没听懂，总是一脸疑惑的样子。我开始责怪自己的解释有问题，不能深入浅出地给他讲明白。我一边表扬他问得好、问得有水平，一边让他容我好好想想。儿子看到终于把我问倒了，觉得挺得意。

爱因斯坦曾说：“如果你无法向 6 岁的孩子清楚解释事情的原理，那说明你自己首先没弄懂。”我当然不甘就此罢休。几天后，我给儿子编了一个故事。一天，孙悟空与小猴王们争论个不休，他们比谁爸爸的果园桃子最多。

“我爸爸的果园有一百万个桃子!”一只小猴王说。

“我爸爸有更多的桃子。”悟空不屑地回应道。

“我爸爸有一万亿个桃子!”另一只小猴王又接着喊。

“我爸爸的桃子数量比一万亿还多。”悟空又回应道……直到悟空厌烦了，他说："不要吵了，在任何时候、不管有多少个桃子，我爸爸总有更多的桃子！"

看来，没有谁比悟空的爸爸有更多的桃子了。那悟空他爸爸到底有多少桃子呢？实际上我们都不知道。但我们可以说，悟空他爸爸有无穷多的桃子，因为没有一个数会更大。无穷大不是一个数字，而是表示"比任何数都要大"的意思。在数学中，人们就用"横写的 8"这个特殊的符号（∞）来表示无穷大。

儿子听着想着，这时他妈妈走过来："爸爸只是用一个故事跟你解释。"她笑着继续说，" 你是知道的，孙悟空是没有爸爸的。"

"哦，对了，"我大笑起来，"悟空是从石头里蹦出来的！我讲故事讲糊涂了。"

"对！我也想起来了。连我都知道，你怎么……"儿子又可以取笑我了。看来故事是有趣了，但并不是我预料的那样。"好吧，这不算。"我赶紧想了想，又重新讲了个故事。

孙悟空对如来佛说："我一个跟头能翻一万里。"如来佛笑了笑："那你试试？"孙悟空翻到一万里之外，却还是落在如来佛的手掌中。孙悟空不服："我能翻十万八千里！"但还是没能逃出如来佛的手掌……如来佛最后笑着告诉孙悟空："无论你翻得多远，我的手掌会变得更大，你是永远也翻不出我手掌的！"孙悟空这才明白，原来如来佛的手掌是无穷大的！说完了这个故事，我算是挽回了一局。

如果儿童好奇心强、遇事爱问为什么，这说明孩子已经意识到事物间有某种内在的联系。类比教学法就是利用许多事物的相似或相通性，利用恰如其分的比喻，把陌生的概念与熟悉的概念联系起来。善用通俗易懂的类比，不仅能维护孩子的好奇心，还能开启孩子的想象力，让孩子获取知识的精髓。

2. 学习是不是一件苦差事

人脑有千亿个神经元，人们起初认为人的聪明程度是由脑神经元的数目决定的，但一系列现象和研究颠覆了这种传统认知。美国《大众科学杂志》曾跟踪研究了一个特殊人群，这些人几乎一夜间都变成了奇才。其中一人曾不小心滑倒，后被诊断有严重的脑震荡。几天后，他突然发现自己有了新的才华——弹钢琴。令人难以置信的是，他以前从未弹过钢琴！

研究人员借助核磁成像发现，人脑在损伤后会力图自我修复，生存下来的脑神经元会试图重新链接，一旦有幸链接到了常人脑神经元不链接的区域，人就可能获得某些本来没有的能力。原来，人的智力取决于脑神经元的链接特性，而不取决于脑神经元的数量。

教育环境对脑神经元的链接和发育有决定性影响。宾夕法尼亚大学的玛莎·法拉赫（Martha Farah）及其团队长期跟踪了60多个低收入家庭，收集了孩子的脑扫描数据和学习环境。这个长达20年的研究表明，阅读和游戏是促进幼儿大脑发育的“营养素”，也是开发儿童智力的捷径。

学习是不是一件苦差事？孩子的答案取决于父母怎么养孩子：一种是强求孩子“低质量的勤奋”；而另一种则是给予孩子“高质量的玩耍”。被誉为“能让时间停下来”的埃杰顿是麻省理工学院一位著名的教授，钟爱教育事业，深受广大学生的爱戴。我特别欣赏他的一句不为大多数中国人所熟悉的名言：“教的诀窍是不让人们意识到自己是在学习，等他们意识到自己在学习的时候已经‘轻舟已过万重山’了（The trick to education is to teach people in such a way that they don’t realize they’re learning until it’s too late）。”

这个教学秘诀如此精辟，却又简单到了极致。它成了我的一个座右铭，也成了早教中的一大法宝：用各种诱饵去诱发儿子学习，让他在不知不觉中学习。在早教中，我尽量避免传统授课和做试题的方法，而更多的是利用趣味阅读、游戏和孩子喜爱的形式。在那个阶段，我儿子可以说并没有学习的概念，他只是觉得那些都是好玩的事。

3. 孩子的学习兴趣从哪里来?

玩的含金量在于它的启迪性，因为启迪比什么都有说服力。几年前，美国媒体流传着这么一个视频。一个目盲的老年人坐在街头，旁边的纸板上写着：“我是盲人，请行行好。”人们在街上来去匆匆，却没几个理会他。

这时，一位女士走到盲人跟前，在纸板的反面写了些什么，然后把它放到盲人旁。盲人很诧异，他不明白为什么前来施舍的人渐渐多了起来。那女士替盲人写了什么？原来，她在纸板上写道：“今天阳光灿烂，而我什么也看不到。”

前后两句都是简短的文字，结果却大相径庭。盲人直截了当讲了“我是盲人”这一事实，想用此道理赢得别人施舍的响应。这显然不奏效，而那位女士选择了迂回策略。她用简单言辞勾勒出一幅情景，继而在路人的心灵深处触发了共鸣。

教育孩子也是同样的道理。平时少一些老生常谈，多利用孩子“好玩”的本性，就能引发他们内心想学的欲望。如果能对孩子进行精准“营销”，就会产生不同的教育效果。

成功的营销在设计产品的时候，就想到了赢取顾客青睐的切入点。例如，在设计手机新功能的时候，就考虑到怎么去吸引年轻人的眼球和满足他们的心理需求。好的营销可以让顾客排着长队抢购产品，而好的教育也能把孩子的“要我学”转化成“我要学”。

儿童的学习兴趣究竟从哪里来？科学家们曾经认为大脑结构只受遗传基因的控制，但一项具有里程碑意义的研究改变了人们对大脑的认知。1964 年，加州大学伯克利分校玛丽安·戴蒙德（Marian Diamond）及同事发表了一项研究。他们把白鼠分别养在两个截然不同的环境中，一个单调乏味，一个充斥着玩具和刺激。研究发现，那些在有趣环境下成长的白鼠，它们的脑皮质在 80 天后发育得更健全。由于大脑皮质是感知的物质基础，人们后来果然又发现，那些在有趣环境下长大的白鼠更机灵，也能更快找到迷宫的出口。后来的多项研究也得到了相同的结论，那就是有趣的环境最能刺激孩子的大脑。

难怪有心理学家甚至声称，玩就是儿童的工作。提高玩的含金量是把“好玩”作为引发兴趣的“糖衣炮弹”，让人在不知不觉中获取感悟，甚至能因此激发出探索的热情。绝大多数西方教育家都持有这种理念，而麻省理工学院著名的哈罗德·埃杰顿（Harold Edgerton）教授就是其中的一个典型人物。

在 20 世纪 50 年代，美国那时正紧锣密鼓地进行核爆试验。核爆炸在几微秒瞬间释放出巨大能量，人们先看到的是一

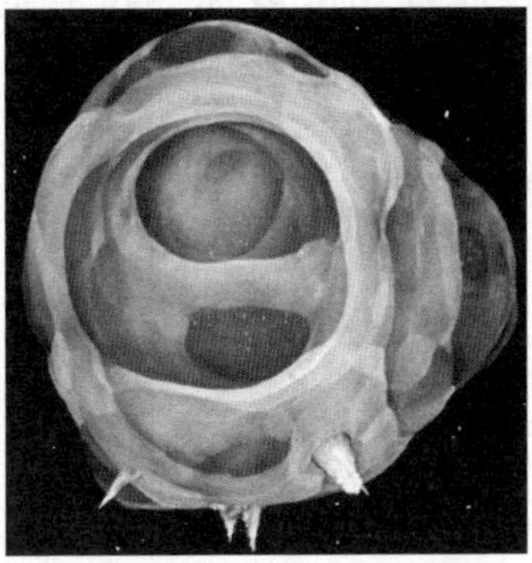

核弹亿分之一秒的爆炸雏形

团炙白的火球，然后是蘑菇状烟云。埃杰顿觉得这里大有学问，就用自己发明的特殊磁性镜头的相机，尝试着把时间“冻结”下来。他最后如愿以偿，第一次用频闪摄影技术捕获到原子弹爆炸在亿分之一秒时的各种雏形。那些具有开创性的影像对人们心灵产生了剧烈的冲击，震撼到了当时的西方社会，使人第一次意识到核炸的瞬间居然有那么多不为人知的细微细节。

爱因斯坦曾说过：“游戏是研究的最高形式（Play is the highest form of research）。”埃杰顿教授借助几张好玩的照片，抓住了人们的好奇心，推动了瞬间物理动态的探索和研究。从此，埃杰顿被誉为第一个“能让时间停下来”的人。他认为教育贵无痕，也曾直言不讳地说过，没必要让受教者意识到自己在学习，而等他们意识到的时候就晚了，因为他们已经学了。

强调玩不是以玩代学，让孩子玩得无所事事，而是以玩带学，把“玩”作为学习的切入口，在玩中增加含金量。在早期教育中，我们常用“有趣好玩”去迎合儿子的心理，将趣味性活动注入日常生活中去，如用讲故事的形式讲数学，在游戏中讲解科学知识，参观博物馆或参加科技展活动等等，这些具体事例在以后的章节中再进一步分享探讨。

这些浸入式（Immersion）的教育形式让孩子“浸泡”在感官刺激的生活环境中，从小习惯了“学习就是生活的一部分”。在后面的一些章节可以看到，我们在给儿子物色兴趣班的时候，看上了一个特殊的幼儿音乐班。启德童音乐班通过各种游戏进行感官训练，让儿童在玩耍中学会用身心去感悟旋律。在这种环境陶冶下，音乐就自然而然地成了儿子的心灵伴侣。在给儿子挑选幼儿园的时候，我们又看中了蒙特梭利学校。在普通学校，老师主宰课堂进程，学习是被动的接纳。在蒙氏学校，琳琅满目的玩具是课堂材料，学生是课堂的主人，可以完全按自己的节奏进行学习。

兴趣是强大的激励源泉。兴趣有了，许多棘手问题也能随之迎刃而解。像许多男孩一样，我儿子小时候特爱玩电子游戏。虽然那时还不是大问题，但我担心照此发展下去，以后有可能会成为大的麻烦。知道顶着干不是办法，我设法让自己成为他的玩伴。这样，拉近了彼此的距离，就多出了许多共同语言，我也有了施加影响的契机。利用与儿子探讨游戏的机会，我时不时地同他聊聊游戏的程序是怎么回事，他就觉得计算机编程也是挺好玩的。上初中以后，儿子的心思果然转移到编程上面去了，后来还悄悄去尝试编写简单的程序。

钓鱼需要诱饵，而教育则更需要好的诱饵。慢教育的一大智慧是舍得在教学“工艺”上多下功夫，把学习是个负担转变成学习是个乐趣。如果说营销的最高境界是“让客户倒追你的产品”，那么教育的最高境界是“能让学生为自己的快乐而学”。

4. 快乐与学习，是否可以兼得

放手与管教、快乐与学习，它们是否真的能兼得呢？实际上这是能不能的问题，而是父母想不想的问题。父母在教育上使对了劲，孩子就不用因“为学习而学习”而受尽折磨，也不会因“为快乐而快乐”而荒废童年。那么美国人是怎样培养精英的呢？

自从参加了哈佛和斯坦福大学的录取生见面会，我看到家教是毫无止境的，精英教育也不一定是砸钱的教育。从每年年底起，美国各大学陆续发放新生录取通知书，悄悄开始了高校“入读率”的竞赛。入读率与录取率不同，录取率（Admission Rate）是录取人数与申请人数的比例，它表明学生被录取的难度；而入读率（Admission Yield Rate）是入读人数与录取人数的比例，表明学校在录取生中的抢手程度。美国高校为了获取录取生的青睐，提高本校的入读率，它们每年为录取生及其家属举办录取生见面会（Admitted Student Day）。

哈佛大学和斯坦福大学自然也不例外。在它们举办的家长见面会中，我与其他赴会的家长有了零距离的接触机会。在几场家长聚会中，给我印象最深的是那些非亚裔家长。我在聊天中了解到，他们平时给孩子当司机做秘书，而关键时候又能充当顾问的角色，为孩子挖掘教育资源。他们的孩子有极大的自主空间，必要时又能从父母那里得到帮助或指引。

其中有一位母亲，好多年前她的孩子还在上小学。暑假快到的时候，她为怎样安排孩子的假期生活而烦恼。有的家长像

“木匠”，只按既定工序雕琢木料；有的父母更像“花匠”，给足植物养分而等待它们绽放最好的本色。她是属于“木匠”类的还是“花匠”型的？从一个小故事就不难窥之一二。一天她突发奇想，能不能给孩子办一期有意义的夏令营呢？带着这个主意，她到处寻找感兴趣的家长。经过一番折腾，她终于凑了几个志同道合的家庭，争取为孩子们办了个像样的夏令营。

他们决定各尽其力，每家负责一个星期，大家拿出自己的看家本领。其中，一位父亲热衷徒步旅行，他的全家带着其他孩子野外露宿，让大家了解野生动物和植物的特性，学习自我保护的意识和野外生存的能力。另一位父亲擅长汽车维修，就给孩子讲解机动车的工作原理，让大家动手解决汽车常出现的小问题。到了晚上，他太太利用一半时间教大家做手工，留出一半时间让自己的孩子组织大家玩各种游戏。也有的家长开起了科学讲座，晚上让孩子用小型望远镜看星星和星系，教大家用学到的三角定律去估测它们离地球的距离；在白天给大家讲解宇宙的起源，介绍暗物质和暗能量等一些至今仍然让科学家困惑的新发现……

可以说，那些孩子能敲开美国顶尖学府的大门并非偶然，而是与他们父母平时“管而有度，放而有序”是分不开的。俗话说，种瓜得瓜，种豆得豆。家长可以把孩子的暑假变成背书和刷题的战场，但也可以将之变为不砸钱的精英教育。

在那几场家长见面会上，我了解到的虽然只是精英家教的碎片掠影，但观一叶能知秋。成功的家教属于那些花匠型的父母，他们走的是一条慢热型教育的路，是一条快乐与求知兼得的教育之路。

5. 借"鸡和蛋"去引发思考

自然界处处有学问，学会思考对孩子无疑是至关重要的。但如何让孩子对兴趣不浓的事情感兴趣呢？媒体常用有争议的话题去博取大众的眼球，父母也可用这一手段唤起孩子的求知欲，帮助孩子在思考中学会分辨，培养他们批判性思维的能力。

"鸡和鸡蛋之争"是一个古老的话题，同时又是一个会让孩子绞尽脑汁的问题。这个问题之所以很难回答，就在于其中隐藏着一个循环定义的陷阱。人们通常认为鸡生出来的蛋是鸡蛋，而鸡蛋孵出来的是鸡。许多人习惯将鸡和鸡蛋作为"互为定义"的前提，于是这个问题就变得自相矛盾而循环无解了。

要正确理解这个问题，我们需要帮助孩子打破其中的循环逻辑。在人们发现基因之前，"鸡和鸡蛋之争"是一个无解的命题。所以解套的关键是引导孩子从基因变异的动态角度去理解，激发孩子对生物进化的好奇。

是"先有鸡还是先有鸡蛋"呢？首先，一只动物是鸡是因为它有鸡的基因特征，而一个蛋是鸡蛋是因为它孵出的是鸡。孩子并不需要知道鸡的基因特征到底是什么，他们只需知道鸡的基因特征决定了它是鸡，而不是鸭或其他动物。

认识到了什么是鸡和鸡蛋，接着来看生物进化的过程。鸡的祖先是一种似鸡的鸟，而鸟的祖先是似鸟的小恐龙。几千万年前，有类似鸡的鸟在繁殖过程中，它们的基因在复制中发生了变异或"出了错"，使得下一代的一些基因与上一代有所不同。随着时间的推移，经过千万年基因变异的累积，它们的后代就越来越像现在的鸡，而不像它们的祖先。

直到漫长进化过程中的某一时刻，一只非鸡的鸟产下了地球上第一只有了鸡全部基因特征的蛋，而那个蛋孵出了地球上的第一只鸡。因此，那一个蛋就是地球上的第一个鸡蛋，而这个鸡蛋所孵出的是地球上的第一只鸡。显然，先有鸡蛋，然后才有鸡。

“鸡和鸡蛋之争”的话题可以让孩子了解生物基因突变这一概念，从小引发他们对生物进化的认识。讨论这个问题的真正目的不是在于它的结论，而是利用孩子的猎奇心理，去提升他们的逻辑思维和推理能力。

6. 做到“延迟满足”，就成功了一半

在所有素质中，有一个是成功的必要条件。更重要的是，它可以靠后天培养。中国有句古话，“三岁看大，五岁看老”。你信吗，有人真的发现了一种测试方法，用它能预测 3～5 岁的儿童将来是否会有出息。测试方法很简单。你先挑选儿童爱吃的糖果，然后告诉孩子有两个选择：如果不愿等，小孩现在就只能吃一颗糖果；如果愿意等，小孩 15 分钟后可吃两颗糖果。

衡量标准更直截了当：那些选择等待的儿童具备了成功的天赋。这个测试不是无稽之谈，也不是中国传统“抓周”的翻版。十多年前，美国有一档电视节目，它介绍了 20 世纪 70 年代初的一项著名实验。这就是斯坦福大学的“棉花糖实验”，

人们可用它测试儿童的“延迟满足（Delayed Gratification）”的能力。

实验一开始，五岁左右的孩子被逐一领入房间，屋里只有一张桌子和一把椅子。研究员先把一颗棉花糖放在桌上，然后告诉孩子现在就可以吃了这颗棉花糖或等 15 分钟后吃两颗。研究员随即离去，让小孩独自在屋内待 15 分钟。

在测试过程中，孩子们神态百出。有的根本没多想，拿了就吃；有的拿起棉花糖，张开大嘴，把糖放在嘴边磨蹭，最后又艰难地把棉花糖放了回去；有的挣扎了几分钟后，还是按捺不住欲望，拿起吃了。到最后，只有三分之一的小孩选择了等待 15 分钟，得到了两颗糖的回报。但这能说明什么呢？

十多年后，研究人员又对那些孩子进行了回访。他们调查后发现，那些小时候能自律的学生发展得更顺利，SAT 高考成绩比不能自律的学生平均高出 200 多分，学习和生活也安排得更有规划。这项研究在当时的美国社会引发了极大的反响，人们开始意识到延迟满足这个自律能力太重要了，它是预测孩子发展前景的一个可靠指标。

所谓延迟满足，就是为将来的更大利益而主动放弃眼前的较小利益。经过一段时间的琢磨，我想明白了延迟满足包含了两大要素：一个是判断力；另一个是毅力。有的孩子不知道应该等待，不懂“在该做的时候做该做的事”，这说明他们缺乏判断力，不懂得短暂等待能换取更大的回报；有的孩子想等待，却半途而废，这说明他们虽然有了正确的判断，但缺乏毅力去执行；只有那些能等到最后的孩子，他们既有了正确的判断力，又具备了强大的毅力。

人的一生是一个不断等待的过程，只有学会去积极等待，才能成就一番事业。如果出于溺爱，对孩子提出的要求每次都有求必应，孩子就会觉得一切都理所当然，就难以养成积极等待的心态。我越想越觉得不能忽视对孩子进行延迟满足的教育，可当我想去测试儿子的时候，发现自己忽视了一个现实。

儿子那时 8 岁左右，早过了此实验所适用的年龄段，糖果对他来说已经没有什么大的吸引力了。但我不想就此不了了之，开始在孩子身上寻找其他切入点。

儿子那时热衷于收集精灵宝可梦（Pokémon）卡片，我以前为了图个方便，每次答应儿子购买几套 Pokémon。我开始改变这种做法，每次给他设定预算，让他一次只能买一套卡片。有时我也会给儿子选择，他如果愿意推迟购买计划，到时可以多买几套作为奖励。以后，我又鼓励他多做些家务，让他有机会为添置更多的玩具慢慢攒钱。我希望儿子从日常生活中的小事做起，在等待中养成做规划的能力，在规划中领会多劳多得的道理。

人们研究发现，延迟满足的能力的确可以靠后天培养。在所有的人群中，社会学家发现犹太人是最强调“延迟满足”的民族。华人和犹太人都非常重视教育，但在这方面却大相径庭：一个急功近利，一个深谋远虑。犹太人仅占世界人口的 0.3%，却囊括了超过 20%的诺贝尔奖，诞生了莫扎特、弗洛伊德、爱因斯坦等众多杰出人物。《在社会科学和心理学中应用犹太价值观》这本书的作者，总结出了犹太人的一大特点：善于训练孩子为更大回报而放弃一时的满足。

的确，有耐心方能成事，延迟满足的能力比智商更重要。那是因为一个人看似可以做很多事，但真正能做好一件事却很难。只有克服急于求成的心态，才能坦然面对压力和战胜逆境。也只有先学会静下心来，去专注做好一件事，才有可能一步步把愿景化为现实。从这个意义上说，学会了延迟满足，就等于成功了一半。这也许就是雨果在《悲惨世界》中说的，在必要的时候能管住自己的人就是聪明的人。

第二章

怎样让孩子的思维活跃起来

孩子在快乐的时候，他学习任何东西都比较容易。

——（英国）赫伯特·斯宾塞

人类的动作十分之八九是习惯，而这种习惯又大部分是在幼年养成的，所以在幼年时代，应当特别注意习惯的养成。但是习惯不是一律的，有好有坏；习惯养得好，终身受其福，习惯养得不好，则终身受其累。

——陈鹤琴

7. 让孩子享受阅读的小招数

人们早就意识到阅读是最好的老师，“美国国父”富兰克林的故事也因此流传至今，成为人们的美谈。富兰克林因家境贫寒而弃学谋生，但他自幼有爱读书的习惯。他经常借书看，有时不惜挨饿，将省下来的钱买书。培根曾说，习惯是一种巨大的力量，它可以主宰人生。富兰克林好读的习惯为他以后的从政奠定了基础，也让他成了美国第一位科学家和发明家。

家庭是孩子的第一所学校，父母是孩子的第一任老师。在我印象中，儿子的早教是从听故事、玩玩具、掰手指数数和听音乐开始的。在小时候，听故事是最能让儿子开心的一件事。有时，他要我们反复讲他已经熟悉的故事，然后提醒我们说漏了哪些故事情节。有时他干脆自己放录音带，不厌其烦地重复听他感兴趣的段落。

我家附近的书店几乎每星期会挑选出一些图书，给社区的儿童举办故事会。我的妻子就经常带着儿子去那儿听故事。许多故事书不但情节吸引儿子，书的设计也抓住了他的心。有些书是半圆形的，有些是波浪形的，有的打开后是立体的，也有的可在浴盆里阅读。一旦遇到好书，儿子就爱不释手。他买书有许多原因，有时是因为引人入胜的故事，有时是因为精美的插图，也有时是因为独一无二的包装设计。久而久之，阅读便成为他的一大乐趣，故事书就成了他的好伙伴。

我本来对幼儿图书是一无所知的，有了孩子后才发现，许多儿童读物制作得非常精美，有的甚至称得上是艺术品。至今我还记得儿子小时候最钟爱的一些小人书：《要是你给小老鼠饼干》（*If You Give a Mouse a Cookie*）、《好饿的毛毛虫》（*The Very Hungry Caterpillar*）、《绿鸡蛋和火腿》（*Green Eggs and Ham*）、《戴帽子的猫》（*The Cat in the Hat*）、《好奇的乔治》（*Curious George*）、《彩虹鱼》（*The Rainbow Fish*）、《爱心树》（*The Giving Tree*）。

特别是谢尔·西尔弗斯坦（Shel Silverstein）所著的《爱心树》，故事情节特别感人。书中述说一棵大树与一位小孩交上了朋友。孩子长大成人再到老，大树的一生都在默默地为其奉献：先是用自己的果实，然后用自己的树枝，再用自己的树干，最后仅存了矮矮的树墩。在奄奄一息之际，“那棵大树”还惦记着这位已年迈的朋友，提醒疲惫的他可以在它残存的树墩上休息……

关于这本书，还又发生过一段小插曲。十多年后我才意识到此书当初对儿子的触动是如此之深，影响是如此之大，以至于他在申请大学时，做了件令我非常惊讶的事。大学申请表有这么一个问题：“哪一本是你喜欢的书？”我怎么也没料到，儿子毫不犹豫地就在申请表上填下了这本小人书的书名：《爱心树》。

儿子上小学后，他妈妈经常带他去社区图书馆，到那儿看书借书，还借机鼓动儿子加入那里的阅读俱乐部。俱乐部让小孩凭自己的兴致读书，定下自己的读书计划。如果能按时完成计划，图书馆就赠给孩子一些奖品。

像与图书馆签了合同似的，儿子坚持每天至少读一小时，并根据俱乐部的要求，在阅读日志中记录所读的内容。其中，他最爱读《儿童图画百科全书》（*Children's Picture Encyclopedia*）

和《孩子们的探索》（*Kids Discover*）等系列杂志。这些图文并茂的刊物，用构思巧妙和色彩鲜艳的插图吸引儿童的眼球。它们覆盖的面极广，上至天文时空，下至人文地理，每个孩子都能从中找到自己感兴趣的话题。

人们常说，儿童的大脑像吸水力特强的海绵。做了父亲后才知道这一点也不夸张。儿子参加了小学课外科普活动，由于他的科普比赛成绩一直很突出，一位家长就向他妈妈请教，问该如何在家辅导孩子学科普。她当时给弄糊涂了，不记得我们教过儿子很多科普知识。

带着好奇，她回家问儿子："你从哪儿学到那些科普知识的？其他孩子说许多内容老师没教过。"儿子不假思索地回道："哦，是以前从图书馆借的刊物那里学到的。"原来他指的就是他小时候念过的《儿童图画百科全书》和《孩子们的探索》等儿童刊物。我们以前总以为他只是看着玩，没想到这么多年过去了，他竟然没忘。

在小学，儿子收获最大的就是阅读。我不记得老师在五年级前布置过数学或科普等作业，唯独语言课是例外。老师对每个小学生有最低的阅读要求，而儿子的阅读量远超出了那个要求。儿子最喜欢读《神奇树屋》（*Magic Tree House*）、《了不起的小侦探内特》（*Nate the Great*）和《棚车少年》（*The Boxcar Children*）等儿童系列小说。老师获悉儿子那么喜爱《棚车少年》，就赠送给他由其他作者再续的《棚车少年》小说，将其加入到儿子收藏的系列书中去。

人们很早就对阅读有了共识。阅读能赋予大脑丰富的想象空间，给可塑的大脑注入强有力的刺激，从而增加了大脑神经元间的链接密度。在以后的长期研究中，人们又找到了这一共识的科学实证。2013 年，澳大利亚墨尔本“应用经济和社会研究所”发表了一项研究结果，这是一份对4000位 5 岁儿童的跟踪报告。在长达 10 年的研究中，他们发现了这么一个现象：儿童如果在 5 岁时喜欢阅读，他们 10 岁以后的学习成绩就普遍高出很多，阅读的确能开发儿童的智力。要让儿童喜欢上阅读，除了要有父母的引导，又要让孩子按自己的审美意识去挑选书籍，以此享受阅读带来的愉悦进而获取益处。

8. 怎样让孩子的思维活跃起来

怎么让孩子的脑子活跃起来？怎么让孩子学到探索能力？这些问题的答案都取决于教的方法。中国教学的一大特点是短平快，老师急功近利地教，学生规行矩步地学。大家似乎都是为了心目中的那个“崇高”目标：高考！

而我们的家教走的是完全不一样的路。先说个小故事吧。

我儿子七八岁的时候，我与他在家做了一次关于测量的活动。我们一起找了几个不同大小的圆瓶盖、一把尺子和一根细绳，测量了那几个圆盖的周长和直径。

“有了这些测量下来的数，我们能发现什么呢？”我边问边显得略有所思的样子。“也许我们可以来比较一下每个圆的周长和直径，看看它们之间有什么关系。”我继续自言自语。

“哦，周长总是比直径长的。”过了一会儿，儿子发现了一个规律。

“对啊！对啊！……可是长多少呢？”我一边附和着，一边追问。

“每个圆都不一样的，但至少是两倍。”他肯定地说，好像有了一点思路。

“没错，那我们就比较一下周长到底比直径大多少倍?”我暗示他继续沿着这个思路走。

“哦，不管圆的大小，是不是周长比直径要大 3 倍左右?”他兴奋地看了看我，但对自己的结论不是很有把握。

“对啦！你发现了世界上非常重要的一个数，它就是圆周长与圆直径之比。”

“为什么说这是个非常重要的数?”

“人们发现这个数是常数，而且非常有用。”

“什么叫常数?”

“常数就是不变的数。你说怪不怪，不管圆的大小，周长与直径之比都是这个常数!”

“但……刚才算出来的比不是完全一样的啊?”他边看着计算的几个数值，边嘀咕着。

“没错，但这只是测量误差造成的，如没误差，周长与圆直径的比都是一样的，是常数。”

“那这个常数到底是多少?”

“我们永远不会知道这个数值到底是多少，但要精确到小数点两位，它就是 3.14。数学家给圆周率这个常数起了个特殊的符号：π……”

从此，他觉得圆周率很有意思。以后又自学到圆周率是个无理数，难怪永远也写不完整这个数。他后来再发现人们已经把圆周率计算到过亿位数，把 π 的数值印了厚厚一本书，至今有人还继续在算。最后，他自发地把圆周率的前百位背了下来。他是知道的，我只记得可怜的前四五位数，但有一天他还是执意拉我比一比，看谁知道圆周率的位数多。

从以后章节可以看到，这是我们通常的家教模式。

功利性很强、一步到位的教学会扼杀求知欲，而经常在尝试过程中学习能不知不觉地锻炼探索能力。这在当今人工智能时代尤为重要。无论人们持什么价值观，或者能否接受这一现实，人的探索能力在快速升值，而重复性技能在加速贬值。要提升孩子在未来的竞争力，今天的教育投入就要防止孩子“起了个大早却赶了个晚集”。

人生早期不在乎早起快跑，而需要缓慢有序地积蓄能量。这便是我们的信念。在我儿子幼儿小学期间，这也是我们的家教指南针。

9. 感受看不见的世界

人首先是感性动物，然后才是理性动物。感性教育是依赖人的本能感知而进行的教育，其效果在一个离奇故事中展现得淋漓尽致。早在 19 世纪，美国教育家安妮·莎莉文（Anne Sullivan）遇到一个小女孩。这个女孩集盲聋哑于一身，从小无法学习，也从来不知道怎么与人交流。在所有学生中，这个小女孩无疑是世界上最难教的一个了。

安妮下决心要帮助这个女孩，但她是如何着手的呢？安妮首先为小女孩准备了一个“特殊”的教具：玩具娃娃。每当小女孩用手触摸到玩具娃娃时，安妮就拿起自己的手指，在小女孩的另一只手掌上慢慢地写下“doll”（玩具娃娃）这 4 个字母。以后，她又尝试把女孩的一只手放进水中，在她的另一只手掌上拼出“water”（水）这个单词。

就这样，安妮用一个一个字母，先让小女孩感触到字母与单词之间的关系，然后感悟到单词与实物之间的联系。渐渐的，语言的奥秘就这么在这个盲聋哑女孩的大脑中被揭开了。更难以置信的是，在安妮的精心教导下，女孩不仅考入哈佛大学，后来还成长为著名的作家和教育家。这个女孩不是别人，她就是海伦·凯勒，是作家马克·吐温的心目中“19 世纪最伟大的两个人物之一”。

对发育正常的儿童来说，感性教育也同样有举足轻重的意义。瑞士心理学家让·皮亚杰（Jean Piaget）发现，人在 15 岁前仍处于抽象思维的初期阶段，他们很难去琢磨那些看不见、摸不着的东西，只有感性教育才能与孩子的认知本能接轨。因此，我们平时不轻易错过那些能给孩子感性教育的契机。

坐落在我们市内的得克萨斯 A&M 大学（Texas A&M University）是一所综合性大学，大学每年在校园为社区举办公益科普活动。我们几乎每次都带儿子前去参观，让他与神奇的科学现象有零距离的接触。

在一次演示场上，儿子把一朵鲜花插入零下 200℃ 的液化氮中。当他把花取出后，花朵就像是一片片脆薄的“玻璃”，一捏就碎；在一个气雾室中，他目睹了那些或隐或现的一丝丝白色径迹，才意识到在人的眼皮底下，每时每刻有那么多宇宙射线。儿子对每个演示都很兴奋和好奇，对每次活动都流连忘返。

儿子八岁那年，科普场内的一个教室坐满了人。一位戴着防护眼镜，身穿白大褂的老师，往一个试管内充入两份氢气，再充入一份氧气。他然后用大拇指压住试管口，示意大家留神，不要眨眼睛。此时教室内鸦雀无声，大家看着他把大拇指从试管口挪开，并快速将小火焰移到试管口。忽然，啪的爆炸声惊动了所有人，许多观众哇地叫了起来，教室内一阵躁动。

等气氛恢复平静后，老师让大家看试管内有了什么。人们这才注意到试管内壁挂着一滴滴透明的小液珠。老师跟孩子们解释说，刚才试管中的氢气和氧气发生了化学反应，反应的产物就是大家每天需要的水。这个实验深深映入了儿子的脑中，让他记住了这么一个事实：尽管氢气与氧气都看不见摸不着，但它们会发生燃烧的化学反应，能生成他熟悉的水。

我趁热打铁，在一个周末与儿子玩起了一个弹珠游戏。弹珠是儿子年幼时酷爱的玩具之一，他平时喜欢收集不同大小的、色彩斑斓的玻璃球，用它们玩打弹珠游戏或拼搭出各种图案。我让他拿出大大小小的玻璃弹珠和橡皮泥，一起做一个与水有关的搭积木游戏。听到我们一起玩游戏，儿子的兴致就上来了。

我先让儿子挑出两个大的玻璃球，用橡皮泥把它们粘在一起，然后告诉他空气中的氧分子就像手中的模型那样：氧分子是由 2 个氧原子相互吸引“粘在一起”而形成的。然后，我让他做了好几个氧分子模型。

接着，我让他找出两个小的玻璃弹珠，再用橡皮泥将它们粘在一起。氢分子是由 2 个氢原子相互吸引“粘在一起”而形成的。氢原子比氧原子小，所以我们用小的弹珠来表示氢原子。我再让他做了好几个氢分子模型。

最后，我们用两个小的弹珠与一个大的弹珠粘在一起，做了几个水分子模型。这个搭积木游戏要完成下面一个任务。

最少几个“氢分子”＋ 最少几个“氧分子”＝几个“水

分子”？

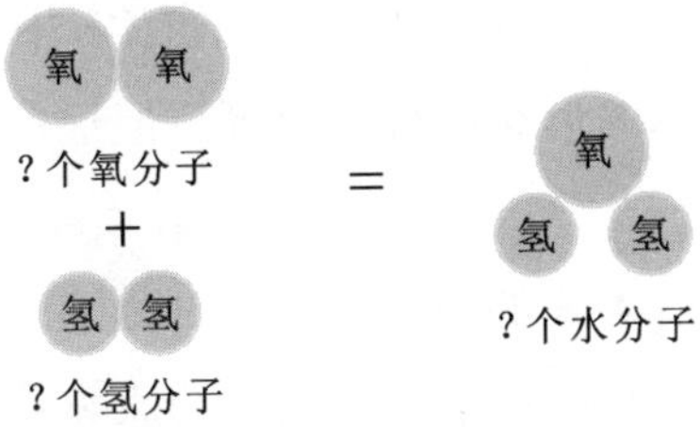

这个“搭积木”游戏的规则是：等号左右两边的氧原子（大的玻璃弹珠）总数要保持相同，等号两边的氢原子（小的玻璃弹珠）总数也要保持相同。玩了几分钟，他没能找到答案。经过两次提示后，他终于找到了解决办法。

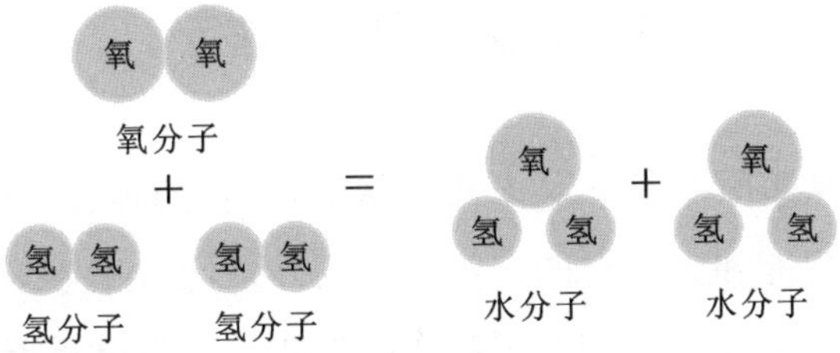

2个“氢分子”+1个“氧分子”=2个“水分子”

没错，它们的左右两边现在都有2个氧原子、4个氢原子。也就是说，2个氢分子与1个氧分子结合，能生成2个水分子。原来，这就是那天他看到的爆炸过程，它也是初中课本中“氢与氧燃烧生成水”的化学反应方程：

$$2H_2 + O_2 = 2H_2O$$

以前，儿子从科普读物中了解到，水是由宇宙中最丰富的氢元素与第三丰富的氧元素组成的。水几乎无处不在，如水约占人体重的60%，地球表面的70%；宇宙中也到处有水的踪迹，它们大都以冰的形态出现，等等。但这些都只是理性层面上的东西。

表面上看，浸入式的教学进度远不如照本宣科的那么快，但从长远效果看，它能让学生对知识的原委有更深和更直观的了解，能由内往外而引发出学生的感悟，甚至滋生新的疑问，如“是什么导致宇宙中氢和氧发生反应而产生水的”等。学贵有疑，不疑则不进。通过对新问题的解释，就能不断加深理解知识点与知识点之间的关联，从而把碎片化的知识系统化。

10. 用暗示激发创作欲

无论从事哪个行业，未来将属于有创意的人。自从计算机有了人工智能和大数据的支撑，人的许多优势正逐渐在机器人面前消失。单凭记忆和熟练操作的技能，人类已不能与人工智能竞争。与智能机器人相比，人仅存的优势是人的思想和创意。

培养创意需要从孩子小时候开始，从生活的细微处入手，而其中一个极好途径就是学画画。儿子小时候喜欢在纸上胡乱涂鸦，虽谈不上有什么天赋，但他对画画还是挺有兴趣的。只要一开始画，他就像变了个人，显得十分安静，一坐下来就能画上大半天。

儿子10岁那年，他的绘画老师举办了一次学生画展，邀请家长和社会人士观摩学生的作品。画展进行到了一半的时候，一位女士走到儿子画前，对他的一幅画凝视了一会儿。她又同我们寒暄了几句后，问儿子，“这是你画的?”儿子点了点头，我当时没有察觉到任何异常。这是一幅 4×5 英寸、临摹杂志上小鸟近景的帆布丙烯画。虽然它无特别惊人之处，但也显得小巧玲珑、栩栩如生。

在画展结束之前，老师同大家聚在一块聊天。“我想买你的那幅画，”刚才那位女士微笑地看着儿子，“25 美元如何?”儿子对这突如其来的发问毫无准备，不知如何应对。我猜儿子当时一定蒙了，怎么会有人愿意买他的画呢? 我抬头看到那位女士认真的神态，才意识到她没在开玩笑。

大家此刻也停止了聊天，目光都聚焦到了儿子的身上。过了几秒钟，儿子望着那位女士，摇了摇头。“没关系的，但我很喜欢你那幅画。”女士微笑着说。意识到儿子一时没缓过气来，我赶紧替儿子谢了她的鼓励。

在小学毕业之前，儿子前前后后尝试了水彩、粉彩、素描、木炭、丙烯和油画等媒介。在很长一段时间，儿子只关注绘画的技巧，我们就经常不失时机地暗示他，模仿得像不是绘画的最终目的，而表达自己的创意就比画得像更有意义。为此，我们常常会这么对儿子说“你看，这幅画很有新意”或“那个画家很有创意”等，再也不说“画得真像”之类的话了。不过，他每次似懂非懂的，我们也就没有刻意要他马上去做什么。

这种暗示很少有立竿见影的效果。暗示法是由心理学家乔治·洛扎诺夫（Georgi Lozanov）提出来的，它反对给人制造紧张的心理状态，而鼓励人们在放松的环境中自然得到感悟。

不难看出，暗示教学是“由内往外引”的具体方式之一，它要唤起的是学生“无意识”的内在正能量。

一天下午，儿子从学校回到家后兴奋告诉我们，他要参加学区的圣诞贺年卡设计比赛。比赛胜出的作品将作为那年的贺年卡，寄给全学区的家长。他很认真地对我们说：“必须是原创作品！”我们当时就知道，他开始领悟了绘画的真正意义。

儿子那次中了标，从中尝到了甜头。他接着参加了我们城市报纸举办的主题绘画活动，他的创作又被选中并刊登在报纸上。从此，他不放过各种机会，投入到学校的壁画和年鉴封面等制作中去。

忘了从几岁起，儿子迷上了精灵宝可梦。他买了许多精灵宝可梦卡牌，我当时却看不出那些游戏有啥意思，也不理解它们为什么能打动那么多小孩的心。儿子后来不再满足于购买、收集、与伙伴交换卡片，他觉得那些卡片不能完全表达自己对游戏的见解，就开始自己制作精灵宝可梦卡片。儿子的这一举动固然引起了我的注意，但我也只是默默欣赏那份童心而已。

“其实，他收藏的那些游戏卡片是很精美的。”妻子这句不经意的话提醒了我，我开始留意起儿子买来的卡片，体会它们蕴含的发散性思维及艺术功底。我又拿起儿子自制的几套Pokémon，开始领会他的游戏构思。此刻，我心中油然升起几分敬意，心想：“这不就是一直想要培养的创意嘛！”

11. 不管学什么，入门最关键

家长普遍认为“学总比不学的好”，许多时候却并非如此。

如果学习氛围不好或教得不得法，学生会因为一知半解而滋生挫折感，最后失去原有的学习热情。入门时学习得法会终身受益，入门时学砸了会耽误前程，我对此有过一次切身的体会。

那是在 20 世纪 80 年代，我的学校为了普及计算机知识，设法给学生开了几堂计算机初级编程的讲座。学校当时的资源极其有限，只能给学生上两三堂课。尽管如此，我对计算机编程还是保持着兴趣。在最后一堂课上，大家总算有了一小时使用计算机的机会。可不知为什么，我编的程序却怎么也过不了编译这一关。那堂课有三四十位学生，不断有人向老师请教求助，老师无暇解决每个学生碰到的问题。在最后十分钟，我的程序总算混过了编译，但我还是不知道究竟是错在了哪儿。我就这么稀里糊涂地“学”过了计算机编程，那成了我学习生涯中最受挫折的一堂课。从那时起，我觉得编程语言让人摸不着头脑，便对它失去了兴趣。

到美国后不久，我便意识到学计算机很有前途，就一直鼓动周围的朋友去攻读，可自己还是选择了其他专业。由于工作需要，我必须编写一些程序，最终还是没能摆脱编程。出乎自己的预料，我由此发现自己的编程能力实际上并不差。我越做越喜欢，后来索性彻底转了行，做起了软件开发工作。因为初学时不得要领，我就这么在职业生涯中走了近 10 年弯路。

良好的开端是成功的一半，避免在初学时学得草率和不得要领，就能少走许多弯路。儿子在 EPGY 上的第一堂课是 C 编程语言。C 语言用途广泛，但其中某些概念比较复杂，连工作多年的编程员也常常会张冠李戴而出错。我忍不住与儿子分享了自己的经历，希望他入门时能学得扎实，免得以后给自己添麻烦。

儿子起初学得很顺利，每次能提前上交作业。可没多久，老师布置了一道作业题，这下把儿子难住了。

原来，老师布置了一个游戏作业，要求他编写人们熟悉的“井字”游戏。这是一种在 3×3 格子上的连珠游戏，两人轮流在空白处画自己的记号（×或 O），看谁能先把自己的 3 个记号连成直线。那个作业的要求是：游戏一方是人，对手是计算机，并要确保计算机不能输。

儿子一开始还暗暗自喜，觉得自己终于编写游戏了，要实现小学时的一个心愿了。可好景不长，他发现自己进入了死胡同，不知从何入手，几天下来还是没有解决的头绪。我们意识到让儿子领会编游戏的思路和初级原理，这要比完成这个作业更为重要。

又过了几天，他妈妈看他还是一筹莫展的样子，便对他说：“我们还是先来玩几次井字游戏吧。”她让儿子充当计算机先走第一步，并提醒他：“你的任务是观察所有的策略，做到不会输。”

儿子马上在井格中央画上×记号。她接着教儿子：“写程序时，要把所有可能的选项都考虑到。现在还剩下 8 个空格，看上去我有 8 个画 O 的选择，但是……”没等妈妈解释完，儿子抢着说：“看似有好多选择，但实际上井格是对称的，所以你只有两个选择，要么选角落的格子，要么选边缘中间的格子。”

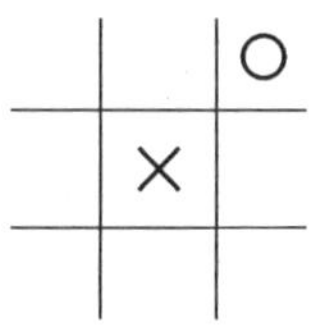

领悟到这一关键点，他继续自言自语道：“所以我只要把这两种策略编入程序就可以了。”他妈妈会心笑了笑，便在一个角落画上了 O 的记号，然后又试探：“现在井格中有 7 个空格，你的第二步是否有 7 个选择呢?”儿子想了一会儿摇摇头：“不是，还是因为井格是对称的，所以我现在只有 4 种选择。但……有的选择会导致计算机输的……所以我不应该考虑那些格子。”没错，用这些逻辑和方法去写程序，做出的电子游戏就好像有了智慧。

他妈妈一边陪同他玩，一边提醒他记下刚讨论过的策略。刚下完一局，儿子便抛出一句“I love you mommy”，随后扭头奔他的计算机去了。接着，他用了不到一半的时间，顺利完成了整个课程。

暑假的编程课结束了，儿子还意犹未尽。一开学，他就把自己刚编写的游戏上传到学校计算机，鼓励同学们去玩，声称打败了计算机就能得奖，心里却明白没有人能够赢得过计算机。

这个井字游戏并不复杂，它使用“蛮力（Brute-force）”的方法去模拟智能，而计算机算法的威力更能从新一代的人工智能中彰显出来。2016 年，谷歌的“阿尔法狗（AlphaGo）”应用新算法战胜了世上所有围棋高手。它的胜利轰动了整个世界，这个里程碑事件给世人一个警示，AlphaGo 的智能或已远远超越了人类 2000 多年积累下来的围棋智慧。同样的人工智能在语音识别和翻译、图像识别和癌症鉴别诊断等领域也取得了可贵的成果。通过模拟人脑神经系统，当今的计算机算法已经能用“直觉（Intuition）”而非蛮力去解决人不能解决的问题。

儿子在编游戏中尝到了甜头，接着开始学习 Java 编程语言。同上次一样，他起初学得一帆风顺，直到有一天又被一个游戏作业卡住了。那是一个迷宫游戏，程序要长和复杂得多。儿子面临的问题也很蹊跷：在游戏运行的时候，结果有时对、有时却不对。他反复查看了自己的程序，就是找不出到底错在哪儿。

看他一直愁眉不展的样子，我就坐到计算机旁，看着好几百条程序指令，我也是一头雾水。过了一会儿，我指出他可能犯了“隧道视野（tunnel vision）”的错误，这也是我初学编程时犯的错。人在编程中常常如同身处隧道之中，只看到前方狭窄的区域，一旦认定某段程序肯定是“对”的，这段错的程序就成了编程员的盲区。尤其在编程员焦躁的时候，这种现象总会暗暗作怪。不少人在学编程时不知道这种心理现象，就会因找不出问题而怀疑自己的编程能力。

程序运行一般是受以前状态影响的，真正出错的地方可能不是在“显而易见”的语句上，而是发生在好几步之前。我建议儿子在屏幕上显示出游戏的所有运行参数，然后再看哪儿有漏洞（bug）。果然，他找到了一个隐藏的漏洞，该错误影响到了后面程序的运行。我鼓励儿子说：“最后还是你自己找到了漏洞，我只是给你指出了隧道视野现象而已。”

这两个游戏编程作业是儿子学习编程的重要转折点，帮他扫清了自学道路上的阻碍。他领会到了编游戏的基本原理和技巧，知道了怎么查找程序中的错误，以后在编程上不再需要我们为他解问答疑了。

带着自信，儿子开始投入到了 USACO 的社团活动。USACO 是美国计算机奥林匹克竞赛（USA Computing

Olympiad)，它是一个不可多得的网络教育资源。USACO 将学员分成铜银金 3 组，为每组准备了一整套故事型教材，其内容越到后面就越有趣、越有挑战性。学生在那里循序渐进地“先学后编”或“边编边学”，完全凭自己的节奏去学。自 1993 年起，该社团的名望越来越大，如今已成了各国编程爱好者竞相角逐的去处，儿子平时也多了一件很想去做的事。USACO 充分利用了网络的特点，其营造的虚拟氛围推着儿子不断往前走。

学任何东西，入门的时候绝对不能急于求成，学得草率马虎。个性化教育之所以有效，一个重要的原因就是它用因材施教的方法，帮助学生找出问题的症结所在，再让他们通过自身努力去驾驭挫折。最能唤起学习兴致的，是让学生在动手中找到那些开窍的节点，从而不断生发兴奋点。

入门时学得是否得要领，会直接影响到以后继续深造的意愿。世上最可惜的事，莫过于一颗有潜能的种子，还没来得及发芽就夭折了。

第三章

没有数学符号的数学课

学然后知不足，教然后知困。

——《礼记·学记》

一切学科本质上应该从心智启迪时开始。

——（法国）让-雅克·卢梭

12. 明白道理比学会计算更重要

儿子满 4 岁时，我们忙着实地了解周边幼儿园信息，想给儿子找个最适合的幼儿园。没多久，蒙特梭利（Montessori）学校就进入了我们的视线。与众很不同的是，蒙特梭利全盘否定应试教育和奖惩制度，而用独特方法去激发幼儿的求学欲。不少家长认为蒙特梭利的套路太另类，觉得它不太靠谱。可在我们眼中，蒙特梭利一直是个很接地气的好学校。我很久以后发现，我们当初的直觉是对的。许多人的确受益于了蒙特梭利的教育，他们包括谷歌的联合创始人拉里·佩奇（Larry Page）和谢尔盖·布林（Sergey Brin）、亚马逊创始人杰夫·贝佐斯（Jeffrey Bezos）、脸书创始人马克·扎克伯格（Mark Zuckerberg）和微软创始人比尔·盖茨（Bill Gates）等等。

蒙特梭利有两大特点：独特的教具和个性化的施教。不像绝大多数学校只是说说而已，蒙特梭利学校是真刀真枪去做的。迈入教室，各种“玩具”就跃入了我们的眼帘，敞开了“欢迎探索”的怀抱。学校有百种玩具，它们既是老师的教学工具，又是孩子的学习材料。那些教具看似与普通玩具并无惊人不同，却隐藏着探索真谛的智慧。课堂上，人们看不到讲台上侃侃而谈的老师，人们看到的是，老师在逐个指导孩子。在蒙特梭利学校，老师的任务是鼓励孩子凭自己的兴趣，选择“玩”哪些玩具。让孩子按自己的节奏，慢慢领悟其中的道理。

上学的第一天，儿子一进教室就被琳琅满目的玩具吸引住了。过了大半个下午，他突然感到自己已经玩了一天，觉得挺过意不去的，便走到老师面前问：“今天什么时候开始上课呀?”他妈妈到学校接他回家的时候，老师拦住了她，拉着她叙说了这段情节。“其实，”老师得意地说，“恺昇今天不知不觉超额完成了两个教学模块!”

与常规学校不同，蒙特梭利以引导为主、讲解为辅。表面上看，这种非灌注式的教学进度显得慢了点，但它却是一种更直观的“由内往外引”的方法。就拿教数字的概念为例，在普通幼儿园，老师通常从个位数开始教，再到十位数、百位数。看似进度很快，但儿童是否领会数字的真正含义就不得而知了。

例如，1234 这个数中的 2 是什么意思呢?四则运算娴熟的儿童不见得都能答得出来。蒙特梭利学校让学生通过玩玩具，感知数字的真正含义，在游戏中领会以下重要的概念。

(1) 个位的 4 表示有 4 个“小正方体”，(个位数以这个小正方体为单元，它有 4 个“一”，代表 4)。

(2) 十位的 3 表示 3 个由“十个小正方体排成的长条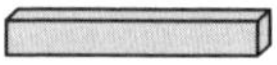”，(十位数以这个长条为单元，它有 3 个“十”的单元，代表 30)。

(3) 百位的 2 表示 2 个由“10×10 个小正方体组成的扁方体”，(百位数以这个扁方体为单元，它有 2 个“百”的单元，代表 200)。

(4) 千位的 1 表示 1 个由“10×10×10 个小正方体堆积成的大立方体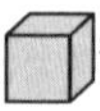”，(千位数以这个大立方为单元，它有 1 个“千”的单元，代表 1000)。

理解数字的含义很重要，因为它是真正理解运算规则的基础。例如，在以后的游戏中，学生就能直观领会到加减法中

“进位”和“借位”的原理，而不是只会机械套用平时背下来的规则。

(1)“加法中的进位”是将十个本单元整合成更大的单元，再将之移到高位（例如，将个位的十个小方块整合成长条，再将长条放入十位的位置）。

(2)“减法中的借位”是从高位拿一个大的单元，再将之分拆成十个本单元（例如，从十位中取走一长条，再将其分拆成十个小方块放入个位）。

让孩子学会做运算并不难，难的是让他们看懂其中的道理，而不是全靠死记硬背去学。利拉德在其所著的《蒙特梭利：天才背后的科学》一书中，是这么评价这类学校的：要提高孩子的学习能动性，就要引导他们选择自己想学什么，让孩子享受学习本身的乐趣，而不是仅仅为了考试成绩而学。蒙特梭利学校的教学理念和方法与我们的不谋而合：启蒙教育就得慢慢来，应该以“边玩边学”为手段，以“寓教于乐”为宗旨。

蒙特梭利学校让我儿子获益匪浅，可惜它也有一个小小的不足：该校的规模不够大。我们希望儿子能在学校接触到更多的同伴，能与更多的孩子交往。经过权衡利弊，我们觉得鱼和熊掌不能兼得，最后送儿子去了公立小学。至于教学上的问题，我们决定自己想办法解决。

就这样，我儿子在蒙特梭利学校待了两年。这两年的“玩耍”在他心目中留下了这么一个烙印：学习永远是件快乐的事。也许，这是父母能给孩子的最宝贵的无形财富。

13. 从背诵数学口诀表说起

背乘法口诀表可以说是中国“短平快”教学最典型的代表。背熟了口诀表，就知道“8 乘 9”和“9 乘 8”都是 72。因为这是一个乘法定律，所以很少有人会麻烦自己，去跟学生讲解其中的道理。

乘法口诀表很实用，但对孩子来说，强调记忆的学习是弊大于利的。抱着尝试的心态，我在教儿子乘法的时候，就有意避开乘法口诀表。在中国，大家可能会觉得这哪行啊：怎么可以不背乘法表？不会乘法表就算得慢，在考试和比赛中不要吃亏太多啊！

儿子上小学一年级时，我在一个周末陪他玩玻璃弹珠。儿子那时已经学会了一些最简单的乘法，知道“乘法就是重复的加法”这个最基本的道理。在一起玩弄弹珠的时候，我借机试探儿子：

“5 乘 8 等于几啊？”

他马上回答：“40。”

“那 8 乘 5 呢？”

“这还没教过。不过，”他还是回答了出来，扳着手指说，“加起来应该是 40。”

“很好，5 乘 8 等于 8 乘 5。”我边说边点头。

“那么 12 乘 34，是否等于 34 乘 12 呢？”我故弄玄虚地问，知道他那时还没学过两位数乘法。他觉得好玩，就拿起计算器去验证，发现它们的乘积是相同的。他自己又好奇地试了试其他数字，每次都得到同样的结论：两数相乘的前后次序可以不同，但乘积还是一样的。

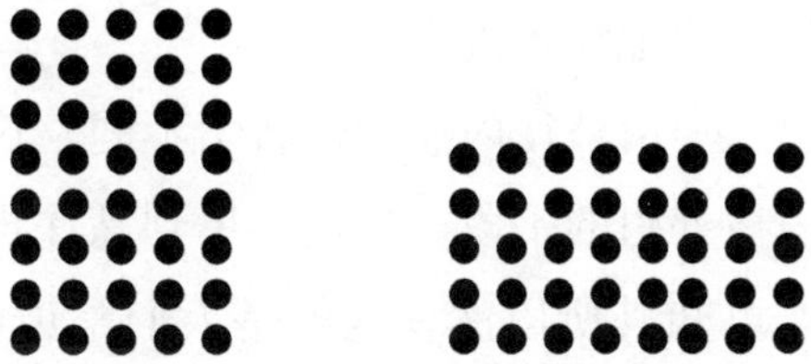

5乘8（5个一排，共8排）　　8乘5（8个一排，共5排）

“知道为什么吗？”我一边给他留个悬念，一边让他把弹珠整齐摆成一个阵列：5 个一排，共 8 排。“这就是你知道的 5 乘 8。”

他点点头。然后我告诉他不要碰弹珠，将身体转到弹珠阵列的侧面。再让他仔细观察，现在一排有几颗、共几排？等他看清了，我再问：“现在是几乘几呢？”

他左顾右盼：“哦，我知道它们为什么总是一样的了！”他恍然大悟：“现在变成了 8 个一排，共 5 排，所以 8 乘 5 也一定是 40！”原来，这只是观察的角度不同而已。他脸上露出了由衷的喜悦，明白了两数相乘的前后顺序可以不一样，但乘积还是一样的。

以后我们又讨论了“除法就是反复的减法”和“减法就是负数的加法”等道理。原来，一切运算都可以转换成加法的。正是这个原因，计算机只需会做加法。

我后来又问儿子：“既然计算机只会做加法，那我们又为什么会觉得计算机很聪明呢？”他看着我，摇了摇头。我半开玩笑地说：“那是因为计算机很勤奋，计算机运算速度比人快得多，所以勤奋比聪明更重要。”

教育孩子勤奋是应该的，问题是儿童很难领会其中的道理。与其苦口婆心地告诉孩子学习是辛苦的，倒不如慢慢把勤奋的概念潜移默化地注入进去。

不难看出，与由外往内灌的快教学不同，这种形式的慢教育采用了由内往外引的手段。它从简单到高深再回归简单，让孩子先知其然再知其所以然。这就是人们常说的无痕的教育，它不给孩子留下学习靠死记硬背的坏印象，让孩子不知不觉地学，以后能由衷地想继续学习。

14. 没有数学符号的数学课

数学无处不在，这一点都不夸张。

我们不用整天敦促孩子悬梁刺股，也能让孩子从日常生活中学到数学逻辑的精髓。逻辑思维是利用概念、判断和推理去理解事物的过程。无论孩子将来学文科还是理科，逻辑思维能力都有其用武之地，但这并不意味着要让孩子从小生吞活剥抽象的数学概念。

引导孩子去解决问题，让他们在实践中自然形成逻辑思维的能力，就能规避那些因“教学低龄化”而产生的弊病。上小学二年级那年，儿子在一个周末玩弄他的微型玩具赛车。等他想收摊的时候，我就建议一起玩个猜谜的游戏。

猜谜游戏（一）

把赛车分成数目相同的两堆，左右各一堆。

我随意把左边的一些赛车用盒子倒扣，遮住那几辆赛车。让他猜盒子里盖着多少辆赛车。

他试了好几次，最后总算猜到了答案。我那时却故弄玄虚，说有个秘诀，保证能很快找到答案。看他好奇的样子，我就给他讲这么一个简单的道理：从车数相同的两堆车中各拿走相同数目的车，那么剩下的车数目一定还是相同的。

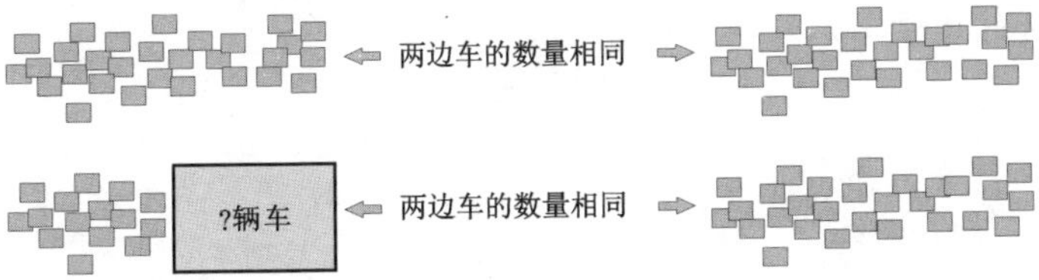

他想了想，觉得这没错啊：

左右两边本来就有相同的数目，再从中各拿走相同的数目，那么剩下的数目一定还是相同的。

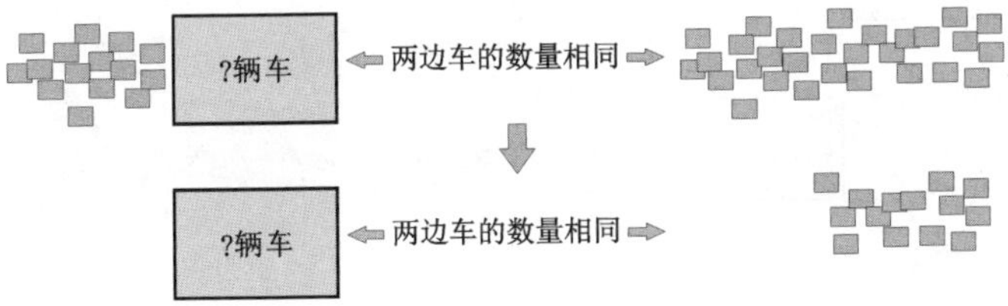

很快，这个游戏就没什么挑战了：

将左边剩下的车拿走、再从右边拿走相同数目的车，右边剩下的车数就是左边盒子掩盖的车数。

猜谜游戏（二）

同样再把赛车分成数目相同的两堆。在一堆用两个盒子各掩盖数目相同的赛车，猜每个盒子里各有几辆车。

用刚学到的方法，很快就能知道两个盒子一共有多少辆车。因为两个盒子有相同数目的车，所以将右边车的总数除以2（或将右边的车分成数目相同的两堆），就很容易知道每个盒子内有几辆车。

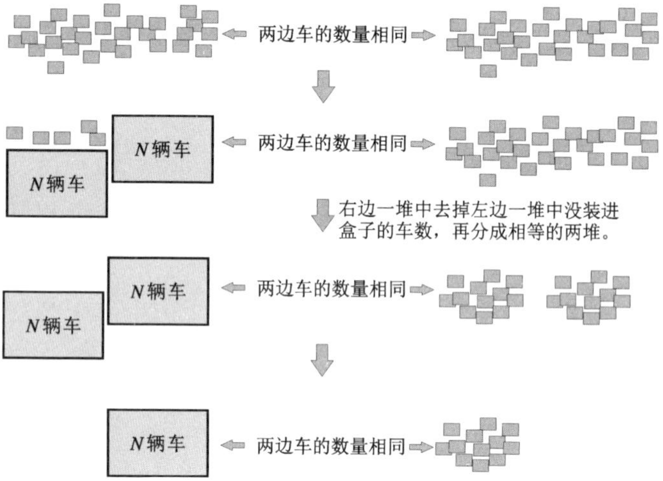

猜谜游戏（三）

还是把赛车分成左右数目相同的两堆。

在其中的一堆，用两个盒子各掩盖住相同数目的车；在另一堆，再用一个盒子掩盖住数目相同的车。猜每个盒子有几辆车。

还是用刚学的诀窍，先将左边剩下的车拿走，然后从右边拿走相同数目的车，最后将左右两边相同的盒子拿走，右边剩下的车数就一定是左边盒子掩盖的车数。

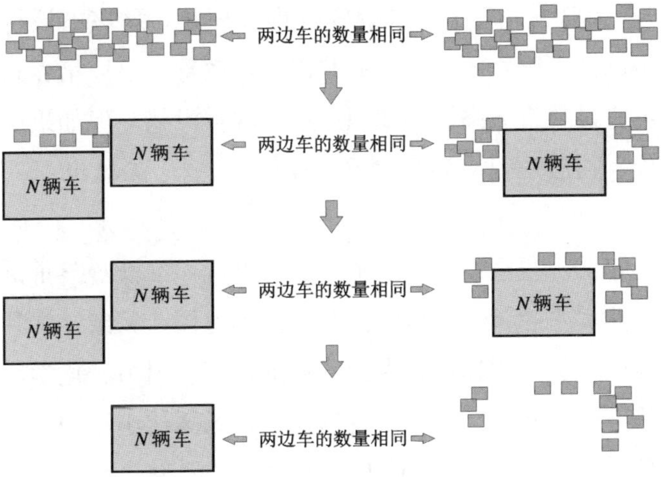

这个游戏还有更多的变化，它们包括了所有求解一元一次方程（$a_1x + b_1 = a_2x + b_2$）所涉及的概念，小学生一般要等到五年级才开始学习这些逻辑和技巧。但好的教学不是将抽象概念一股脑儿倒给孩子，迫不及待教小孩去机械地学解方程。

日常生活中充斥着逻辑的常识，它们是启蒙儿童逻辑思维的最好教材。

好的教育可以是远离符号化的教育，是让孩子从生活中看到事物间的内在关联，让逻辑成为他们生活中的自然语言。这样教育出来的孩子，长大后就自然会有强的思维能力，能为以后的学习打下良好的基础。

15. 不怕学得高深，就怕学得生硬

“高深莫测”表示太难解释或难被理解，那该不该给小孩讲深奥的知识呢？人们一般的共识是，教育小孩以培养兴趣为主，不宜过早讲太高深的知识。这个观点没错，但如果讲得恰到好处、讲得得法，高深就不一定是莫测，深奥也不一定会难懂。

几年前，我曾读到“剑桥姑娘的思考：给低龄孩子讲高深知识并非对牛弹琴”的短文。女孩在小时候，父亲经常利用陪她玩耍的机会，用通俗易懂的方式讲解万有引力、化学反应和历史等方面的知识。在一次自然课上，老师让小孩们讨论“世界是什么形状的”。在课堂上，小朋友们都说“大地是平的”，但这小女孩凭掌握的知识与大家争辩了起来，却因此引来了同学们的讥笑。当老师说“真理往往掌握在少数人手中”的时候，其他小孩子都傻眼了。

那一刻就成了该女孩的一个辉煌时刻，她获得了前所未有的自信，从此在幼小心灵中树立起了勤奋好学的人生观。这位剑桥姑娘感叹道，因为家长先明白了该怎样与孩子一起玩耍，让她的启蒙教育在不知不觉中“顺便”完成了。

这个故事至少说明白了这一点，传授知识不应该套用深奥的术语说原理，而应该用孩子听得懂的语言讲道理。早教的关键不是“该不该讲深奥的知识”，而是“该怎样讲深奥的知识”。

儿子上小学三四年级的时候，我与他一起看了美国经典科

幻大片《外星人》（E. T.）。看到某个场景的时候，儿子自言自语说E. T.外星人没有五根手指。他无意的评论似乎给了我一个启示。几天后，我借题发挥给儿子编了个故事，想去教他一点“高深”的东西。

故事是这样的。某个星球上住着外星人，外星人有一双手，但每只手只有一根手指。然后我问儿子，“你到了那个星球后，发现那些外星人还不会数数。那你该怎样教外星人数数呢?”

儿子没听懂我想说什么，更不知道我葫芦里装着什么药。我伸出十根手指说，“我们地球人有十根手指”，我边说边特意让他注意我伸出的十根手指。我继续说，两千多年前，人们发明了 10 个符号，用来表示所有数的大小，它们后来就演变成了我们熟悉的 10 个阿拉伯数字：0、1、2、3、4、5、6、7、8、9。

“但你仔细看，这里面没有 10 这个数!”

“我们不是有 10 这个数吗?”他十分不解，随手在我面前比画了‘10’这个数。

“对，我们是有 10 这个数，但这个数是由 1 和 0 这两个数字符号组成的。”经我这么一说，他才意识到他过去从来没有注意到这一点。

我接着问，“你知道人们为什么不用一个新的符号来表示 10，却用两个旧符号 1 和 0 去代表这个数吗?”他茫然地摇摇头。

“想一想，如果每个数都要用新的符号去表示，那你就要记好多好多不同的符号。这样太累了，是不是?”经我这么一说，他觉得有道理。

儿子那时已经学过，假如有十颗玻璃弹子，它们的数量可用10这个数来表示。前面的1表示数满十根手指1次，后面的0表示没有小于十的个位数。同样，一百○一这个数可用101这个数来表示：它代表有1个“一百”，没有“十”，有1个“一”。

再回到先前的故事：因为外星人总共只有两根手指，所以为了外星人容易去学，我们决定教外星人用两个数字0和1来写所有的数。也就是说用0表示“没有”，用1表示“一”。

现在问题来了，怎么写“二”这个数呢？我继续解释，“就像我们数到第十根手指的时候需要进位一样，外星人数到第二根手指的时候也需要进位。所以二应该写成10。其中的1表示数满了……”

“我知道了，”他打断了我，“1表示数满了所有手指1次，因为外星人一共只有两个手指，所以这个1代表二。0表示数完了。”

我接着挑战他，问怎样教外星人写三、四、五、六、七、八等数字。他想了想，慢慢地一边写一边说：“三是……11，四是……100，五是……101，六是……110，七是……111，八是……1000……但我觉得它们怎么是怪怪的。”

“没错，是会觉得它们怪怪的。我们平时表示的101（一百○一）这个数，在我们的外星人那里会被理解为‘五’这个数。一开始会觉得不习惯，但你以后再学到它们的时候，就不会觉得怪了。”

看到这次讲解的进展比我想象的要顺利，我又笑着解释道：“我们平时用的叫十进制，因为它靠我们的十根手指来表示数字。刚才说的叫二进制，靠两根手指去表示数字。知道吗，二进制是很有用的。”

“有什么用?”他很诧异，不明白奇怪的二进制会有啥用处。

“你的游戏机、计算器和我们计算机里面用的都是二进制啊，所以可以说，计算器有点像我们故事里的外星人。”

“为什么它们都要用二进制?”

“因为它们只懂 0 和 1 这两个数。”

“为什么只懂 0 和 1?”

“因为这样最简单、最容易做。人们在计算机里面安放了许许多多很小很小的开关：‘开’表示 1，‘关’表示 0。由于这个原因，现在的计算机都只能记录 0 和 1 这两个数，所以就需要有人懂二进制来理解计算机中储存的信息。这就是为什么人们常用一连串 0 和 1 来象征我们目前所处的信息时代。”

“哦。”他若有所思的样子。

儿子以后又了解到计算机中的那些微小“开关”是由人们常说的晶体硅制成的。硅是地球上仅次于氧的最丰富元素，也是普通玻璃和沙子中的主要成分。

我们地球上的自然生命以碳元素为基础，而人工智能靠硅元素生存。硅改变了人类的文明，让互联网有了可能，也因此改变了人们的交流和思维方式。我对儿子半认真半开玩笑地说:“宇宙中也许还真有以硅元素为基础的外星人呢。”

德国哲学家卡尔·西奥多·雅斯贝尔斯（Karl Theodor Jaspers）曾这么说过，教育的本质就是一个灵魂唤醒另一个灵魂。我以前学二进制的时候，曾一直以为这仅仅是数学家“没事干”，在“玩”数字的游戏。我因此一直学得稀里糊涂的，最后只能靠死记硬背去应付。直到很久以后我才知道，原来人们早就发现了二进制的用途。所以，生硬的真理会把学生弄得云里雾里晕乎乎的，根本达不到教学的目的。相反的，高深的知识一旦成了学生能感受得到的东西，一次学习就能成为一场感悟。

16. 勤奋的人有时也会被辜负

孩子能勤奋不容易，但被珍惜了吗？勤劳是一种珍贵的品质，对于小孩来讲更难能可贵。在学校和家教中，人们经常勉励孩子勤奋，说聪明靠努力学习，知识靠勤奋积累。这句话虽然没错，也只说对了一半。

学生的勤奋有时只是表面上的忙碌，它却折射出另一种隐藏的懒惰。对于施教者来说，如果把应付考试作为学生学习的唯一目的，就会心安理得地教错书；而如果把积累知识为唯一的目的，就会习以为常地教死书。有的孩子每天早起背单词，每堂课认真听讲，放学后先完成作业。在人们心目中，这样的学生是学习的榜样。但如果仅满足于孩子整天在忙碌，而忽视了教学的内容和方法，孩子的勤奋就会被辜负。

学错了东西，再怎么努力也是做无用的功。以英语课为例，许多小孩最先背熟的一句英语对话可能是：How are you? I am fine，thank you，and you? I am fine too.（你好吗？我很好，谢谢你，你呢？我也很好）。这句英语没有语法上的错误，许多学校一直是这么教的。但在这句对话中，某些是非英语母语的表达方式，难怪英美人听了会觉得别扭。

类似例子有不少。过去在国内学英语的时候，我只知道把

“宣传”翻译成 propaganda，老师和课本也都是这么教的。我出国后才恍悟过来，propaganda 是贬义的，有“洗脑”的意思。因此，不能随便把“宣传活动”翻译成“propaganda campaign”，可译成中性的“publicity campaign,”不然就自毁了形象或诋毁了他人的活动。还有，人们习惯把中文表达方式用于英语。例如，当着老师的面，用中文称呼老师为“李老师”“王老师”等很正常。但在英语课上不该在老师面前用“Teacher”去叫老师，而应该学着用 Mr/Ms/Dr/Prof（先生/女士/博士/教授）等去称呼。毕竟，学外语的目的是为了能与外国人交流。

教材存在的问题不少见，当然也不仅局限于外语课。可见，孩子花了精力却学了错的东西，即便一时能应付考试，终究还是达不到学习的最终目的。

教学内容的确重要，教学方法也同样如此。好的施教是通过示范，启发孩子去领悟。再以数学课为例，数学虽然是严谨的逻辑体系，但只靠死记硬背就学不到活的东西。

记得我以前学平面几何的时候，老师反复强调“三角形各角之和是 180 度”。听的次数多了，想忘也不行，也许这就是老师想要达到的目的。这种教法十分普遍，它见“效”快，却有一个抹不去副作用——它在孩子头脑中堆积了许多“放之四海皆准”的真理。久而久之，孩子的思想就僵化了。

我儿子学了平面几何不久，知道了三角之和等于 180 度，平行线永远不会相交。一天，我陪他画了一个特殊的三角形：在地球仪的赤道线上取一点，画一条连接北极点的线；再从北极点转 90 度，画一条到赤道的线；最后连接在赤道线上的两点。我让儿子观察，我们画出三角形的三角之和是多少。他那

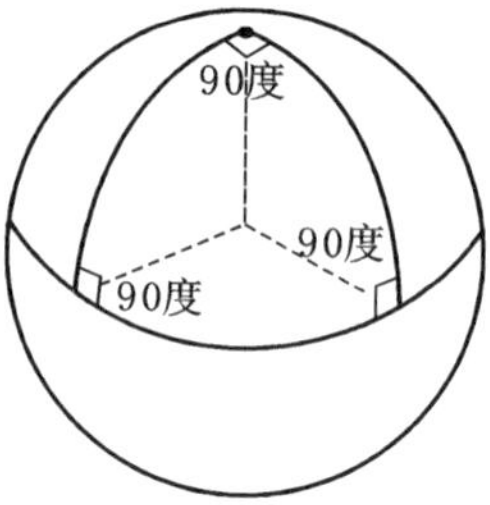

才意识到，这个三角形的 3 个角都是直角，它们加起来当然是 270 度。然后我引导他观察，那些与赤道垂直的平行线……原来，它们最后都在南北极点交叉了。有了诸如此类的感性认识，孩子再回去学平面几何，自然会悟出一个重要的道理：定理是人们在某个框架内发现的局部规律，因此总有许多新的规律等着被发现。

发现规律需要思维灵活，要跳出条条框框。每个孩子都知道 10 ＋ 4 ＝ 14。做了大量算术题之后，他们容易形成固定的思维模式，习惯把数值放在一条直线上：一个数加了正数就会往右移、数值自然变大了。许多孩子因此会认为这也是一条颠扑不破的真理，思想就不知不觉被禁锢了起来。

而用下面教法去尝试，效果就可能不一样了。如果在完成基本教学任务之余，花点时间讲讲 10 ＋ 4 可以等于 2，孩子也许会脑洞大开。设想一下，假如数字不是在一条直线上，而是在一个圆圈上，结果会怎样呢？

时钟是一个很好例子。时针走一圈又回到了原地，0 点与 12 点就成了同一点。假如现在是 10 点，那么 4 小时后时针就在 2 点的刻度上。这不就是“10 加 4 等于 2”了吗？

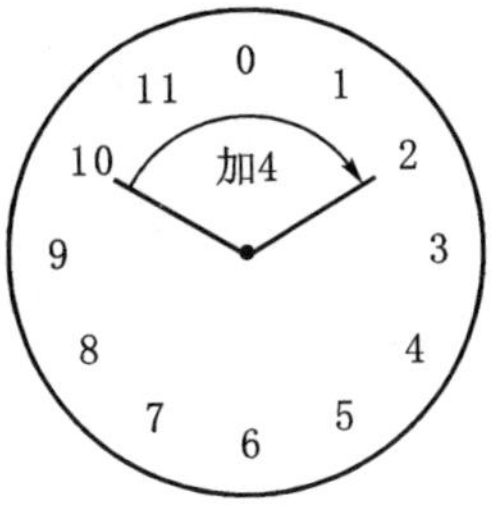

也许有人对此会不屑一顾，认为这只是偷换了概念而已。不错，那是换了概念，但千万不要以为这仅仅是个幼稚的想法。其实它是一条新的思路。与任何学科一样，数学也是严谨和灵活相结合的学科，可以说没有灵活性就没有数学。

正是有了这种灵活性，数学概念才得以不断扩展。沿着该思路研究，有人提出了“取模运算（Modular Arithmetic）”的方法。在这个例子中，10 加 4 虽然是等于 14，但时钟上只有 12 个小时的刻度，因此需要将 14 除以 12。因为其余数为 2，所以 10 加 4 就是等于 2 了。这虽然是取模运算中的简单例子，但这种新的运算方法在计算机领域有广泛应用，在通信加密和解密中扮演了重要角色，也影响着当今每个人的生活。

勉励孩子勤奋固然重要，但珍惜他们的勤奋更可贵。这不仅要求人们避免教授错的“知识”，而且要避免图“快”而禁锢了孩子的思维方式，对不住孩子的勤奋。

第四章

科学思维是如何养成的

游戏对小孩子有什么好处呢？游戏可以给小孩子快乐、经验、学识、思想、健康。所以做父母的不得不注意游戏的环境，使小孩子得着充分的运动。

——陈鹤琴

教学的艺术不在于传授本领，而在于激励、唤醒和鼓舞。

——（德国）阿道尔夫·第斯多惠

17. 游戏背后的套路

玩玩玩！电子游戏让孩子停不下来。难怪家长会如此感叹：如果孩子学习也像玩游戏一样专注就好了！

感叹之余，家长只能反复督促孩子要刻苦学习；而每次无奈之际，家长又只能用各种奖励去诱惑孩子考出好成绩。家长用心良苦，可惜奖励治标不治本，还会引发其他负面效应。

四十多年前，美国心理学家做了一系列科学实验，发现了一个引人深思的现象。斯坦福大学的马克·莱普（Mark Lepper）等研究人员把一群小孩随机分成两组，为他们举办符合儿童心理的绘画活动。研究员对第一组孩子说，活动后每人就能获得一份精美的绘画证书作为奖品；研究员告诉第二组孩子，今天安排的绘画活动特有趣，但不提及也不颁发什么奖品。接下来，意想不到的事发生了。研究员跟踪两星期后发现：第二组小孩在空闲时比以前更会主动去画画，而第一组孩子比以前画得反而少了！

这个实验表明，激发了内在的学习欲望，孩子是能自觉去学习的。但这种内在欲望也是很脆弱的，像奖励这种外部刺激很容易改变孩子做事的原来意图。学习目的一旦被外界功利化了，原有的内在热情会随之被扼杀，不再能产生内心深处的满足感，学习就自然是被动的了。可见，孩子的内在动力和内心满足感才是最为宝贵的，是最需要被父母发掘和维护的。

有的时候，即使激励机制表面上有些成效，也只是以“数量换质量”作为代价的。美国有影响力的《经济研究评论》在

2009年发表了另一项系列实验，实验发现在外来奖励的影响下，学生更热衷于参加相对简单或重复性的活动，而回避那些要求学生有创意或有创造力的项目。原因也很简单，前者的投入有可预期的收获，而后者的投入可能就打了水漂，这种学习环境给“劣币驱逐良币”提供了土壤。

这似乎也解释了，为什么长期在“为分数而奋斗”环境下长大的学生普遍缺少原创能力。求知与探索一旦被考分和功利绑架了，就会扭曲学生求学的本来目的，继而抑制学生内在的探索原动力。久而久之，学生便丧失了原创力，潜在的人才也就给“中庸化”了。

“为分数或物质奖励而学习”显然不值得提倡，那怎么才能激发孩子学习的原动力呢？

在回答这个问题之前，先不妨观察一下让孩子沉迷的电子游戏。看破游戏背后的套路，就能从中得到启示。电子游戏一般有以下几大共同特点：

1. 游戏是自愿的：孩子可以选择不玩。

2. 游戏是有趣的：枯燥的游戏就会被淘汰。

3. 游戏能及时反馈：孩子马上知道做得对不对。

4. 游戏是碎步递进的：孩子再努力一下就成了。

5. 游戏具有挑战性：让孩子时而产生疑惑，时而发现解决方法，再让孩子在惊喜之余憧憬着接下来还会发生什么……

就这样，游戏给了孩子一种内心满足感：这是好奇、疑惑、不甘、惊喜与自信的交融，也是一个没完没了的进程。孩子就像着了魔似的，心甘情愿地被魔力推着往前走。这是游戏设计中惯用的套路。

电子游戏背后的套路很深，足以征服孩子的心。他山之石可以攻玉，想理解“为什么孩子不爱学习”，就把“学习”与上面的“游戏”特点相对比，罗列一下孩子学习过程中缺了哪些要素；要知道“怎么才能让孩子真的爱上学习”，就再将上面“游戏”一词换成“学习”，游戏套路就自然成了有效的育儿攻略。

本书列举的许多事例都是符合上述攻略的。比如，将“玩”有机注入学习中去，就能让孩子从小感受到知识带来的内心满足感。从学习中得到了满足感，学习就能像玩游戏一样，成为孩子自己想去做的事。作为孩子的第一任老师，父母的确能在很大程度上影响孩子的发展。通过了解孩子内心真正感兴趣的东西，父母能协助孩子找到属于孩子自己的梦想。有了梦想，才有前进方向。

但人生的路，终究是要自己走的。梦想本身并不发光，发光的是追逐梦想的身影。所以无论将来选择干什么，希望每个孩子都能占据一席属于自己的发光之地。

18. 电子游戏与计算机程序

美国有这么一句谚语：If you can’t beat them，join them（既然赢不了他们，就不妨加入他们的行列）。有人认为这一种处世态度过于消极，其实也不尽然。许多时候，这个策略是挺实用的。

这个策略在教育孩子上很好用。同许多男孩一样，我儿子小时候特爱玩电子游戏。这一嗜好虽然未到沉溺的程度，但太多男孩“玩游戏成瘾”的见闻确实让我感到有些不安。俗话说小不为则留大患，不去处理好，眼前的隐患可能酿成未来的大患。

自古以来，但凡是与人相关的管理，不能光靠堵和压，而是要借助疏和导。知道疏比堵更有效，我们就去购买了一些教育和娱乐并重的电子游戏，让孩子边玩边学些语言、数学和科学等知识。这些措施转移了孩子的一部分注意力，但儿子也不傻，他没有因此减少对游戏的热衷。

中国人常说，危中有机，事在人为。许多时候，退一步方能进两步。我开始站到了儿子的一边，不仅不反对他玩电子游戏，还常常同他一起玩，探讨哪个玩法会有更多赢的机会。渐渐的，我俩在玩游戏时有了更多的共同语言，也拉近了彼此的距离。

起初，儿子一旦玩起了电子游戏来就会特别高兴。但后来他游戏玩得太熟练了，时不时地就开始抱怨这个游戏那里不好、那个游戏这里很傻。以后等他又发牢骚时，我就趁机跟他解释说："电子游戏就是一种计算机程序，而程序是由一些指令组成的，每个指令告诉计算机该做什么；人们在编写程序的时候，有时想得不太周到，所以就会出现不好玩或不对的地方。"儿子听了好像也没有什么反应，还是继续抱怨。

一天，我趁他抱怨时转了话题。我告诉他："写计算机程序并不难。如果今后有兴趣，可以自己去写，按自己的想法制作游戏，也许会做得比别人好。"他那时还是没什么特别的反应，但抱怨是渐渐少了许多。

直到有一天，他好奇地问我："程序到底是什么样的?"我暗暗自喜，就慢慢告诉他，程序里的一些基本指令是很简单的。例如，这就是计算机的指令：IF（如果）和THEN

(那么)。

这里，IF 表示“如果”，THEN 表示“那么”。这无非就是告诉计算机，如果出现了那个情况，那么就去做什么事 。

我给儿子举了个例子，今天是你的生日，你给机器人 50 元钱去买你喜欢的 Pokémon 卡片。你给机器人的指令可以是：

IF 卡片的价格低于 50 元
THEN 就花钱把卡片买下来

不过这样太简单了，买回的卡片家里可能已经有了。所以可以用 AND (并且) 把几个条件串起来。例如：

IF 卡片的价格低于 50 元 AND 卡片是自己还没有的
THEN 就花钱把卡片买下来

当然，你希望买得越多越好，所以可再加一个指令：WHILE (只要)。如果“只要”的条件成立，就反复执行它下面的指令：

WHILE 钱还没花完
  IF 卡片的价格低于剩下的钱 AND 卡片是自己还没有的
  THEN 就继续花钱把卡片买下来

这是一种“买买买”的情况：也就是说，如果钱还没花完，就不停地去买那些“买得起的、自己还没有的”卡片。

我最后对儿子说，程序大概就是这么个意思，它的一些基本概念并不难理解，你在日常生活中也是这么思考的，只是平时可能没有意识到而已。从他眼神可以看出，他开始消除了对程序的神秘感，对我所讲的似乎有了那么一点感觉。他说大概能看懂。

“就是嘛，计算机编程不难，”我开玩笑地说，“以后如果有兴趣，也可以试着写游戏啦。”我当时没料到的是，儿子把这句玩笑当真了。他上了初中后，果然悄悄去尝试编写简单的程序了。

慢教育追求的是一种润物细无声式的教育，需要不断揣摩孩子的心思。顺其道则安，逆其道则危，而其中的“道”就是孩子的心思。如果孩子不听你的，那么父母就得设法去聆听孩子的心声，再在孩子心目中一次次去点燃火花。当然不是所有的火花最终都会燃烧，然而在点点星火中，也许总有一星火花会燎原。这是慢教育的灵魂，也是教育本该有的功利心。

19. 一场关于编程的“恶作剧”

现在回想起来，很难说有某件事让我们看到了儿子的特长。许多发生的事，在当时看来它们似乎并不相干，但后来发现它们在某种程度上是相互关联的。人生是一场不确定的旅程。只有去摸索，才能发现自己真正适合走哪条路，哪里才是起跑线。找对了方向，还要脚踏实地一步一个脚印地走。

怎么寻找培养孩子的方向？许多家长做的第一件事是给孩子报各种培训班。培养兴趣爱好是对的，但孩子如果学得不快乐，感到学习是负担，就适得其反。培养孩子特长的关键是先引发或发现兴趣，然后再顺势而为。

在初中的那几个学期，儿子总觉得数学课乏味。幸好他的老师特明智，从不强求他毕恭毕敬听课。只要不影响其他同学，老师就随他去。儿子就利用这段时间，去做一些课后作业。一天上数学课，儿子没有作业要做，就琢磨着怎样去打发时间。他无意中想到了书包内的计算器，计算器是每个初中生必备的学习用具，都带有一定程度的编程功能。儿子玩了一会儿计算器，觉得其中的编程功能很有趣。他没过多久发现，自己可用编程去改变计算器的输出功能，脑中便蹦出了个鬼点子。

下课后，他向一位同学借用了一下计算器。这位同学不久回来找他，抱怨自己的计算器不知为什么坏了，就连简单的加法也出错。他把计算器给儿子看："你看，2 加 8 不等于 10。"儿子接过同学的计算器，摆弄了一两下，说计算器好像没什么问题啊。那同学不信，但检验后发现果然是好的了。察觉到儿子一副竭力掩饰的搞笑表情，那位同学知道儿子刚才做了什么手脚，便求他道出真相。最后，他俩觉得意犹未尽，串通好来一个大的恶搞。

第二天，他们俩在教室里一起行动，向许多同学借用计算器。那些学生很快发现，自己的计算器不能用了。现在的学生，没了计算器他们就没法做数学题了。有些人更是惊慌失措，教室内顿时一片哗然。为了避免事态失控，儿子自告奋勇去帮大家的忙。过了一会儿，大家明白了刚才都被戏弄了。从此以后，除非儿子保证不要花招，再也没人愿意让他碰自己的计算器。

儿子到了家也一反常态，经常在晚餐时摆弄他的计算器。

我们问了才知道，原来他在琢磨编程的事，那场“恶作剧”让他对编程有了更浓厚的兴趣。妻子与我此时心中不由一亮，便商量着下一步该怎样继续引导儿子学编程。

通过研究许多不同的编程培训班，我们发现斯坦福大学的EPGY夏季课程最合适。EPGY课程是斯坦福大学“资优少年教育计划”的一部分，它专为学生提供数理和计算机等在线远程课程。临近暑假的时候，我们便建议儿子在假期去EPGY试一试计算机课程，学一点正规的编程。这正合他的心意，他欣然答应去试试，正儿八经地学起了编程。

引导孩子学习与挖渠引水的道理是一样的。挖渠引水是调运湖水的最好方法，但渠挖得再好，也不能引水上山；即使用外力将水引至高处，一旦外力不在了，水又会往回流。而顺着地势去引水，就自然有事半功倍的效果。家教也要顺势而为，只有顺其热情，孩子才不会觉得学习是件苦差事。

20. 科学思维是如何养成的

“知其然”果然重要，但它只是依样画葫芦。联合国教科文组织在《学会生存——教育世界的今天和明天》一书中，曾这么告诫世人：“未来的文盲，不再是不识字的人，而是没有学会怎样学习的人。”这就要求学生不能满足于“背书套公式”，而该了解概念的来龙去脉。这就对施教者提出了要求：不应只考虑“教什么”，而该多想想“怎么教”。

许多小学生很早学会了四则运算，也能娴熟计算出常见立体的体积。但他们是否能回答这么一个简单的问题：为什么用

“底面积乘以高”，就可以计算出长方体和正方体的体积？小孩常常会这么答：这是由体积的计算公式决定的。这说明孩子还是不懂计算体积的原理。

体积是衡量物体占据多少空间，而衡量空间大小的基本单位就是一个单位小方块。计算体积的原理很简单，它无非就是一个数数的过程：数一数体积内有多少个单位小方块。

例如，对“2 厘米宽、3 厘米深、4 厘米高”的长方体，衡量其体积的基本单位可以是 1 厘米大小的正方块。那么立体的底面积（2×3 = 6）给出了底部有 6 个单位方块；长方体由相同的 4 层叠加而成，底面积乘以高（6×4）就算出了长方体由 24 个单位方块组成。所以，该长方体的体积是 24 立方厘米。可见，算体积的本质就是做加法。

要学得活，真的不能只靠背诵运算法则、套用公式或记忆结论。再问学生一个稍微深点的问题：为什么木头会从水中浮到水面？考霸们可能会说“因为木头的密度比水小”，或者“因为木头排开水的重量大于木头的重量”。如果再追问：密度小于水的木头为什么就会上浮？许多学生会不以为然地回答说：那是物理学的阿基米德定律啊！

如果告诉考霸们“木块上浮的起因是地球引力”，他们可能会觉得不可思议：地球引力是向下的，而木块是朝上浮的，向下的引力怎么会导致向上的浮力呢？

实际上，产生浮力的直接原因是：不同深度的水层之间有压力差，而压力差的直接起因是地球的引力。设想有十层的人叠罗汉。你在上面的第二层，你就只需承受上面一个人的重量；如果你在最底层，你就要承受上面 9 个人的重量。但没有了地球引力，最底层所承受的重量与在第二层所承受的重量都消失了，也就没了力差。

同样的道理，水是由一层层水分子叠加而成。越在深处，水分子所承受的压力就越大。与固体不同，流体能流动，流体压力总是向四面八方传递的。当木块完全浸没在水中的时候，木块的最底层受到了水施加的向上撑力，而木块的最上层受到了水施加的向下压力。

一旦水施加的向上与向下力之差大于木块的重量，木块就会被推上水面，往上浮。当力之差小于木块的重量，木块就会被推下水底，往下沉。但如果力之差与木块重量相同，木块就会待在水中，既不上浮也不下沉。如果没有地球的引力，水分子便无重量可言，就不存在上述的压力差，也就没有平时熟悉的浮力了。

真正了解了这个基本原理，学生才能自己去领会“鱼和潜水艇上浮下沉”的道理，不难理解“热气球上升下降”的原理，也不难想象在太空的宇宙飞船上，浸没水中的木块是不会浮动的，等等。

“知其然”如同得了只金蛋，而“知其所以然”就像有了只会下金蛋的鸡，但代价是舍得给鸡喂好的“饲料”。只有学得“慢”，学得不肤浅，才能弄清事物的原委，揭开包裹在知识外的那层神秘面纱，然后做到无师自通。这才是真正意义上的学习。

21. 从“吃药打针”中体验科学精神

孩子不免会生病，有的病疗程需要几个星期甚至几个月。

在一次治疗的初期，儿子有点不耐烦，就这么问："为什么用了这个药就一定会好啊？"在他病愈后，我伺机与他聊了这个问题。

西药之所以在大多数情况下很有效果，是因为它秉持严谨的科学方法。西医不靠某些个例或古人积累的经验，也不全靠理论，更不靠何种信念去确定一个治疗方法是否有效。它靠的是科学的测试手段，只容许数据说话。

我告诉儿子他所用的药都经过严格的测试，人们称这些测试为"双盲测试（Double-blind Test）"。双盲测试是验证西药的手段，它看似简单却蕴涵着深刻的科学道理。

问　题　1

人们早就发现不能简单地拿一种新药给一批患者服用，从而来计算药的治愈率。例如，在大多数情况下感冒能不药而愈，就连癌症有时也是如此。人们通过许多临床观察，发现总有一部分人有较强的恢复能力，在没有任何药物治疗的情况下，单靠自身的免疫能力也能战胜疾病而达到自愈的效果。那怎么才能知道药物是有效的呢？

解决方法

测试人员把患者随机分成两组，让第一组病人服新药，而第二组不服药。通过多次试验和比较两组的治愈结果，人们可以统计出新药的治愈率。

问题 2（出现新的问题）

许多病人服了药后产生很强的心理暗示效应，会出现药到病除的假象，如头痛消除了，但实际上并非真正是药的作用。怎么解决这个问题?

解决方法（双盲测试中的“第一盲”）

给第二组病人服安慰剂（如淀粉、糖等），并把安慰剂制成同药一样的形状，使服药者无法分辨所服药的真伪，从而抵消病人心理作用的效应。这就是双盲试验中的“第一盲”。

问题3（又有新的问题）

有的新药研究人员会自觉或不自觉地暗示病人服的是真药还是安慰剂，或者在试验中有意无意地来偏袒自己的新药，甚至弄虚作假。人命关天，不能单靠诚信或事后打官司来解决问题。那又怎么办呢?

解决方法（双盲测试中的“第二盲”）

用制度来规避风险。新药研究人员和公司不能参与该药的临床试验，新药的测试检验必须由利益无关方的专业独立机构来完成。这就是双盲试验中的“第二盲”了。

不难看出，双盲试验是指病人和研究新药的人员都像被“蒙上了眼睛”。通过尽可能排除各种干扰因素，将不药而愈、心理作用和弄虚作假等因素遏制在源头，使临床测试的数据更可靠。

双盲试验的方法不是某人某天拍脑袋想出来的，而是人们在实践中不断总结出来的结果，是目前人们能设计出来的最有效方法。科学永远是不完美的，但人们总是不断通过实践去追求更好——这就是科学精神。

22. 学一种“防忽悠”的质疑方法

在数字化时代，信息量越来越大，人们获取信息的途径也越来越广，这导致越来越多的人容易道听途说和上当受骗。例如，对于不少医疗养生等一些伪科学，人们宁信其有不信其无，以讹传讹的现象泛滥成灾。出现这种现象的根本原因是，许多人缺乏对科学的基本了解和必要的质疑态度。

我曾与儿子一起看了一档节目，节目中有人演示了“用意念把汤匙变弯”的一幕。真的存在这种特异功能吗？对我们来说，这个话题既有趣又有实际意义。想要知道一样“东西”是否存在，就得先了解什么是科学的逻辑和原则。

【科学逻辑】　永远不可能证明一个未知或不存在的事物是不存在的。

【科学原则】　谁声称有新的发现，谁就得拿出令人信服的证据。

这个科学逻辑说的是，假如一样“东西”实际上是不存在的，那么人们是无法证明它是不存在的。例如，我告诉你“天上有一头会飞的大象”，这当然是无稽之谈。但你怎么能证明没有“会飞的大象”呢？如果你说“没看见天上有什么大象呀”，那我可以说你的眼力有问题或你看的角度不对，或者你没真正用心去看（心诚则灵嘛）等。这种争论显然没有任何价值，更是无休止和无聊的。

而这个科学原则是说，实际上你不需要证明没有“会飞的大象”，而我需要证明它是存在的。谁主张，谁就得举证。也就是说，谁声称一个未知“东西”的存在，谁就得拿出证据，而不是要求别人拿出“它不存在的”证据。这也是任何一个科研活动所必须持有的科学态度。

任何理论都可以信手拈来，而科学的精髓是实证。没有经过科学实证，所谓的“理论”都只是假设。仅仅宣称“有了新发现”并不是什么了不起的事，了不起的是拿出了令人信服的科学证据。只有经过了科学实证的检验，那些假设才成为人们接受的理论，成为“暂时事实”的一部分。

许多所谓的“事实”，实际上都是暂时的事实。哈佛大学数学家阿贝斯曼（Arbesman）通过大量统计分析，在《事实的半衰期》一书中得出这么一个结论：在人们相信的事实中，至少有一半是含有错误的。这种现象不胜枚举。人们现在也许人难以置信，在发现了放射性元素能消炎杀菌这一事实后，当时许多西方厂家就往牙膏等日常用品中添加放射元素。而伟大的爱因斯坦根据天文学家观测到的事实，在其著名的相对论中认定宇宙是静态的；但人们后来用更强大的望远镜，观察到宇宙正在加速膨胀。可见，事实或事物的“本质”是不断被重新认识的。

科学证据也不是单凭肉眼能获取的。古人说耳听为虚、眼见为实，其实不尽然。现代科学告诉我们，眼见不一定为实，视幻错觉和魔术就是最好的例子。在右图中，如果把目光聚焦在图像中心，人们明显可以看到一个个小圆黑点，但这些“黑点”并不存在。所以，科学家尽可能用仪器来获取数据。

美国著名魔术师詹姆斯·兰迪，他曾长期向众人解释，那些所谓的“超自然的特异功能”都只是魔术师的骗局而已。早在 1996 年，他的基金组织就向全球宣布：将奖励 100 万美元给第一位向他提供“超自然特异功能”证据的人。遗憾的是，没人敢敲门领取那 100 万美元的奖金。因为人们知道，他的基金组织拥有一个强大的专家团队，会用科学的方法去验证任何超自然的现象。

质疑精神在今天的快时代尤为重要。质疑是建立独立人格的一剂精神良药，质疑也是防止社会陷入平庸的一剂苦口良方。对待任何事物，尤其是对自媒体中传播的奇闻怪事，学生既要有平和的开放心态，更该有宝贵的质疑精神。

第五章

改变环境，还是改变自己

学而不厌，诲人不倦。

夫子循循然善诱人，博我以文，约我以礼，欲罢不能。

——孔　子

让学生体验到一种自己在亲身参与掌握知识的情感，乃是唤起少年特有的对知识的兴趣的重要条件。当一个人不仅在认识世界，而且在认识自我的时候，就能形成兴趣。没有这种自我肯定的体验，就不可能有对知识的真正的兴趣。

——（苏联）瓦西里·亚历山德罗维奇·苏霍姆林斯基

23. 处理棘手的“抄作业”风波

现代科技将人类推入快车道，快节奏成了生活常态。许多家长忙于在“快车道”上周旋，常常不在意发生在孩子身边的那些事。但父母忽视的，却可能是最需要被关注的。

这就要求父母在快中取慢。慢下来不仅是为了喘口气，而是通过察言观色去了解孩子的需求，及时替孩子排忧解难，协助他们尽早跨出迷茫期。在教育的路上，慢常常是快。如果快表示效率，那么慢则代表质量，没有质量就谈不上真正的效率。父母若能未雨绸缪，引导孩子从生活中索取智慧，就能给他们未来的道路清除许多障碍。

许多时候“说不”并不容易。初中的校园生活占据了学生大部分时间，人际关系也变得复杂起来。孩子遇到了棘手问题（Sticky Situations），又不知怎么沟通和应对压力，就会在他们心理上不断累积负面影响。

我儿子在初中多次遇到让他困惑的事情，其中最让他为难的是“抄作业”的问题。学校的老师屡次提醒学生要独立完成作业，但总有学生遇到困难就想走捷径。在美国，学术诚信是一个严肃的话题。在一次考试中，一个学生让另一个学生抄自己的答案，老师后来发现了此事，就毫不含糊地给了他俩零分。学校对诚信的问题十分重视，严重的作弊行为能影响学生以后升学。

儿子一天放学回到家，一脸愁眉不展。我打听了几次，他才说出到底是怎么回事。原来又有同学借他的作业去抄，儿子每次碍于情面，不好意思拒绝，可每次都提心吊胆的。他那天心事重重，说担心总有一天会出事。我意识到这件事不可小觑，如果处理好，不仅能让儿子摆脱困扰，还能帮他建立正确的处事原则。

我首先安慰儿子，告诉他出现这种尴尬的局面不是他的过错。我与他一边吃着点心，一边讨论着该怎么去应对此事。我想了想说："我倒有一个办法。"儿子放下点心，抬头望了望我，目光带着一份期待。我说这个办法既不违规，又能真正帮到同学。同样是一道题，"教同学做作业"与"给同学抄作业"是有本质区别的，真正帮助同学是让他们掌握本应学会的知识……

"愿意教他们吗？只是多花些时间而已嘛。"我开始鼓动儿子去教那些同学做作业。他一开始觉得可行，随后又生了顾虑："如果他们不想学呢？"我安慰说："不妨先试试，你尽了力就不会太自责了。"

这件事起初挺顺利，但几星期后儿子有了不爽的感觉，他抱怨说自己花了时间，几个同学却嫌教得不好。他越说越感到委屈，自己忙了半天却费力不讨好。我问他究竟是怎么教的，才察觉到问题出在哪。我对儿子说，你实际上教得挺不错的，只是还要注意一点。教的关键是找到症结在哪儿，然后根据每个人的具体情况对症下药，因人而异地调整教的方式方法。例如，某个同学基础很差，你就需要教得很详细，否则别人会误认为"你是在敷衍了事"；相反的，如果同学学得还不错，那只需指出要点就行了，否则也可能被误会为"你小看了别人"。只要自己先学透了，多练练就自然会教好的。我最后鼓励儿子："只要教会一个同学，就证明你比老师的水平还高。"

受到了鼓舞，儿子开始用心辅导同学做功课，这段经历让儿子意外发现了自己的价值。他感到了被人需要，获得了一种从未有过的成就感。即使上了高中以后，这种感觉还依然伴随着他，促使他在高中俱乐部办起了数学辅导班，继续给需要帮助的同学答疑解难。

助人有两个黄金准则可循。对待陌生人，最好的善待是孔子倡导的“己所不欲勿施于人”。但许多时候，对同一件事的感受每个人不一样，自己的善待可能并不是那人想要的，或者自己的好意可能会被那人误解，这些都可能导致别人的不满。

因此，在对待身边熟人的时候，待人的最高境界不是“己所不欲勿施于人”，而是“顺其意而为之”。也就是说，在不违反原则的前提下，要尽可能用他人要的善待去善待他人。应用在教学上，就是要充分顾及学生的感受，找出他们疑惑的症结，然后对症下药，这样才能达到提高他们学习兴趣的目的。这是教学的最高境界，也是一种真正的善待。

24. 改变环境，还是改变自己

环境的好坏会直接影响到人的幸福感。在学习和工作中如遇到不如意的事，对成人是个烦恼，对涉世未深的孩子更是个挑战。在初中的第一年，儿子遇到一个令他闷闷不乐的环境。

初一第二学期，儿子加入了学校的机器人俱乐部。俱乐部每星期有固定的活动时间，由初二的学生负责俱乐部的具体工作。他们的目标是制作一个有某项功能的机器人，准备几个月后参加区域的机器人大赛。儿子觉得好玩，对此十分投入，放学后准时去俱乐部活动。

可没过多久，他就发现负责活动的一帮学长们总是姗姗来迟。即使等人都到齐了，那些人又开始在俱乐部里嬉笑打闹。儿子是该俱乐部的新成员，不熟悉具体该干什么，每次只能等他们闹完后才开始做事。眼看离比赛的日子越来越近了，但他们的机器人制作并没有什么大的进展。

儿子开始担心参赛的计划要落空，就忍不住劝那些学长加紧工作。他没想到，自己的好言相劝不但无济于事，反而招来了学长们的冷嘲热讽。最后还是像往常一样，经常是时间过了大半，那些人才开始工作。就是开始做了，他们有时还不知道到底该干什么。有好几次，大家最后什么都没干成。

儿子对此感到困惑，也十分恼火，更不知如何去应对，对该俱乐部的兴趣也随之大减。回到家，他还是愤愤不平："如果不想干，何必参加这个俱乐部呢!"

听着儿子的诉苦，我十分同情他的遭遇，不由想起孟母三迁的故事。孟子从小丧父，全靠母亲一人日夜纺纱织布维持生计。孟母希望儿子早日成才，但发现孟子贪玩，又喜欢模仿别人。孟母为孩子搬了三次家，最后迁到了书声琅琅的学堂旁，这才终于安顿了下来。孟子从此有了好的榜样，开始奋发学习。这是一个典型的更换环境的例子，"近朱者赤，近墨者黑"说的就是环境对人的影响。

但我马上打消了给儿子换学校的念头。"是啊，是他们做得不对。"我很同情儿子的遭遇，"好的环境能让人快乐，坏的环境会让人痛苦。以后上了大学，这种事也是有可能发生的。"

"知道普通大学和名牌大学的区别吗?"我用不经意的语气问。儿子看了看我，摇摇头。我们以前总觉得孩子涉世未深，还不能真正悟出人世间的许多道理，就未给儿子灌输过什么名校的概念。我们既不想过早给儿子幼稚的心灵灌输那些负面的东西，又担心这种念叨反而会让孩子产生厌倦。所以，我们平时就少说多做，尽量做得得法，促其水到渠成，然后顺其自然。

此时此刻，我觉得是时候跟儿子好好聊聊了。我解释说，学校的最大区别不是教师的能力，也不是设施的优劣，而是学生的质量。学校越顶尖，越优秀的学生就越想去，像此类不愉快的事就越不容易发生。“就是以后工作了也是如此的。你知道我几年前换了工作，就是因为那家公司倒闭了。”我接着给儿子讲了那家公司的员工上班时怎么不敬业，公司老板怎么不称职，最后导致公司关门大吉。

“但好的公司就大不相同了。”我随后给他介绍起上市不久的谷歌公司。谷歌很成功，它只雇能力很强的员工。他们不但人聪明，而且志同道合。在像谷歌这样的科技公司，工作就是员工的乐趣。员工们都干得很欢，员工和公司也因此赚了很多钱。

我继续开导儿子，如果现在不了解社会的真实状况，等以后知道了就可能已经晚了。所以在俱乐部发生的事看似是坏事，实际上却是好事。它让人看清了现实，而现在去努力并不晚。我最后鼓励他说：“时间是你最大的财富，现在去提升自己，以后就有资本挑选好的学习和好的工作环境了。”聊完了天，儿子默默不语，但他的神情好像轻松自如了许多。

工作环境对人的生活质量有重大影响，人的许多烦恼是因工作而起的。所以改变不了工作环境，就得改变自己。我认为“改变自己”有两层含义：一是“让自己去适应”；二是“让自己去提升”。如果遇到的不是原则性的问题，人应该去适应环境，这体现了人的适应能力；如果是原则性的问题，人该设法改变环境，这体现了人的领导能力；但如果既是原则性问题，又没法改变环境，那么人就得要提升自己的能力，再去寻找适合自己的环境，这又体现了人的进取精神。

25. 助人也会利己

参加义工是美国文化的一部分。美国社会有形形色色的人，一些人会干损人利己的事，但总有许多人甘为素不相识的人提供帮助。有人说助人是流在美国人血液中的一种精神，这种说法虽然有点夸张，但助人为乐确实是不少美国人具有的品质。

我刚到美国不久就亲身经历过这样一件事：我开车上了高速公路，一个轮胎突然爆了。我那时还不知道怎么换车胎，就只能把车停在高速公路的边上，不知接下来该怎么办。没多久，一辆车缓缓停了下来。从车上走下一位中年男子，他了解情况后就帮我换上了备胎。他手上沾满了黑乎乎的油，可他全然不在乎，还让我先开走，想确保刚安上的备胎没有问题。尽管这是一件很久的往事，但那路人相助的情形依然历历在目。如果只能从美国社会学一样东西，那么首要的是学习那种助人的精神。

每个人做义工都有自己特定的原因。我们对社区的图书馆有一种特殊的情感。儿子还小的时候，我们常带他去社区图书馆，后来渐渐了解到，社区图书馆的生存并不像原来想象的容易。尽管图书馆的正式工作人员是地方政府的职员，但其他运行费用还得靠民间基金的捐助和社区义工的相助。

图书馆是学习的场所，有安全的环境，而且那些体力活又是孩子力所能及的，妻子就觉得儿子十分合适去那儿做义工，也希望借此观察儿子在外的工作态度。一天在晚餐的桌上，妻子对儿子说："以前常去的那个图书馆现正缺人手，需要义工帮忙，你愿意去吗?""Sure!"儿子爽快答应了下来。

很奇怪，与在家做家务杂事相比，儿子在图书馆简直是判若两人。在那里，他不仅认真勤快，做完了吩咐给他的事，还会主动去图书馆管理员那儿找其他事干。图书馆管理员看他干得那么卖力，就告诉他中间可去休息一刻钟。

每当休息的时候，儿子总找些书去打发时间。有一次，他把一堆书放回书架上时，无意发现了《好奇的乔治》这套小人书。《好奇的乔治》是他年幼时最爱不释手的图书之一，其中好多故事他都念得耳熟能详。看见封面上熟悉的乔治卡通画，他就觉得好玩想看。那套书是西班牙语版的，而他平时最不喜欢就是这门外语课。在所有的学科中，西班牙语是他最差的一门。

也许是太喜欢那些故事，或许是为了打发时间，每当休息的时候儿子就取出一本西班牙语版的《好奇的乔治》去看。尽管只认识其中一部分西班牙语，但因为太熟悉图画书中的情节，他连蒙带猜地能读得懂，还觉得挺有意思的。

一个学期的义工结束时，他也差不多读完了整套西班牙文版的《好奇的乔治》系列。他觉得很奇怪，有了一种说不出的感觉：自己好像对西班牙语有了语感，没像以前那样觉得它特别难了。

像幼儿学母语，有了语感，语言就成了水到渠成的事。当然，阅读只是外语的一个节点，还有听力和对话方面的问题有待他去解决。但这次经历给了他信心，为他高中的外语课扫清了不少心理障碍。

26. 学做明智的取舍

人生是一个不断选择的过程，但真正能影响前途的，只有那么关键的几个。那么该如果做决策呢？决策是一个庞大复杂的课题，它受许多因素的影响。备选的方案越多，选择就越困难。但有个方法简单好用，却常常被人们忽视。

一天我给儿子请了假，带他去牙医诊所补牙。补完牙后，我送他回校上课。在路上，我与儿子聊起了“牙医为什么雇助理”这个问题。雇人需要花钱，那为什么牙医雇那么多助理呢？

我边问边给儿子设想了一个很简单的情景。假如一开始，牙医每天工作 8 小时，每天有 8 个孩子去补牙。牙医在每个孩子身上需花 1 小时，其中半小时花在补牙上，另外半个小时用在准备和清理工作上。在这种情况下，这个牙医显然不需要雇用助理。

现在再假设牙医的病人从 8 位增加到 16 位，牙医该怎么做呢？他当然就应该雇助理了：他不该再去做清理准备工作，而应把宝贵的时间用在补牙上。那是因为一旦把时间花在了助理工作上，就不能在该时间做补牙的工作。也就是说，做清理和准备工作的“机会成本”是为更多人补牙。

机会成本（Opportunity Cost）是经济学中一个非常重要的概念，它是为了做一件事而需要放弃做另一些事中的最大代价。对这位牙医来说，做清理准备工作的最大代价是放弃了为更多的人补牙。由于助理的工资远低于牙医的收入，牙医有了助理就能治疗更多病人而提高收入。所以，牙医亲自做清理工作的机会成本太高，这么做完全得不偿失。

不知道儿子是否听懂了，我便试探着问："这次来补牙的机会成本是什么?"他想了想回答："一堂课。"没错，为了补牙，他少上了一堂课。"所以，"我最后说："这堂课没有补牙重要，否则我们就该挑其他时间来补牙了。"

的确，办事的成本不仅仅是金钱。一旦做出了一个选择，消耗了那些不可再生的时间资源，人就不能再用那些资源去做其他事了。我当时没想到，这个机会成本的概念帮他避免了一次重大失策。在高中申请大学之前，儿子一度曾不满意自己的高考成绩，打算复习后再报名考第二次。但他后来想明白了，如果花了宝贵的几个月时间去准备考试，就不可能用这段时间去做更有价值的事。他后来的经历证实了这一点，一个明智的选择能在很大程度上改变人的发展轨迹。

做出明智决策需要考虑许多因素，而机会成本是非常重要的考量。如果只考虑做某件事的好处，而看不见做那件事的机会成本，就极可能铸成"捡了芝麻丢了西瓜（Penny wise and pound foolish）"的大错。

第六章

挑战自身的极限

凡为教，目的在于达到不需要教。

——叶圣陶

动人以言者，其感不深；动人以行者，其应必速。

——李　贽

27. 运动不只是健体

体育不只是在强身，运动也等于做健脑操。法国思想家伏尔泰曾说“生命在于运动”，这一观点在现代科学中得到了证实。哈佛医学院教授约翰·瑞迪（John Ratey）在名为《运动改造大脑》（*The Revolutionary New Science of Exercise and the Brain*）的书中告诉人们，许多案例与上百项科学成果证实，运动能刺激身体释放名为安多芬（*Endorphin*）的化学物质，会让人感到更愉悦。许多研究进一步发现，运动还能促进如“去甲肾上腺素（*Norepinephrine*）”释放，有助于增强大脑的专注力，而这个自然产生的激素也是“神经传递素（*Neurotransmitter*）”，会加速人脑神经元之间的链接，促进大脑的发育。

儿子小时候参加最多的活动是体育运动。也许是因为我与妻子都不是运动型体质的缘故，我们总希望儿子能通过锻炼去增强体能。我们让儿子尝试各种运动，包括体操、足球、篮球、羽毛球、网球、武术和游泳等。后来发现，各种体育活动像是打开了更多的窗口，让我们有更多机会去读懂孩子，也能让孩子更好地了解自己。

起初，我们觉得让孩子练体操是个不错的主意，它有助于学前儿童控制视觉与肢体平衡的能力。在报名之前，我们带儿子先去体操班试了试。他看到许多小朋友在地板上翻跟斗，平衡木上练行走和高低杠上试翻转，就跃跃欲试。

进了体操班后，儿子每次都不愿意缺课。看他玩得那么开心，我们一位朋友也拉着自己孩子加入了体操班。我们两家的家长都这么想，两个同龄小朋友在那儿多了个伴，应该会练得更带劲。可那位小朋友没多久就说“体操很没意思”，随后退出了体操班。

更出乎我们预料的是，儿子的兴趣也随之烟消云散，最后表示不想再上体操班了。我们很快意识到这是怎么回事儿，便告诉儿子：“如果你对体操真感兴趣，是不会轻易受他人影响的。原来你不是真喜欢，就不用去了。”我们那次没去说服他，就停了他的体操班。我们希望通过此事给儿子注入这么一个概念：父母不勉强他学什么，他自己需要找感兴趣的事干。

运动也能帮助孩子尽早懂得这么一个道理，人的自信是需要通过自己的努力得到的。一天，他的幼儿园组织小朋友们去水上乐园。他回家后说玩得很开心，我们就趁机给他报了个游泳班。儿子以前尝试过的各种运动，都如走马看花，唯独游泳是个例外。像足球或篮球，每场比赛他只能碰五六次球。几个月下来，他也没觉得自己有什么长进，也就没了起初的热情。但游泳不同，他可按自己的节奏一步步提高技能。这些年下来，儿子总算找到了适合自己的健身项目，从此开始了他的游泳“生涯”。

我们总算可以喘口气了，不用再琢磨儿子会喜欢上哪项运动。儿子最早加入的是社区的“海啸（*Tsunami*）”游泳队，它是一个夏季业余游泳组织。每年夏季，业余游泳运动员有一大的赛事，那就是“德州大赛（Games of Texas）”。想参加这个大赛，就必须通过区域选拔赛这一关。假期一到，他的游泳队就开始为此集训。

选拔赛前夕，海啸队的教练开了一个赛前动员大会，给大家鼓气。作为活动的内容之一，教练请每个孩子制作一张小海报，让大家带到选拔赛的现场去张贴展示，为自己的游泳队造势。

儿子灵机一动，在小海报上将海啸（*Tsunami*）的形象与他海啸队运动员的形象融为一体，并将其画在第 4 泳道的起跳台上（成绩最好的运动员都被安排在第 4 泳道），诙谐地暗示他们的海啸队威力无比、势不可挡。

设计游泳队服标志

教练看了喜出望外，还特地征求了儿子许可，把这个漫画形象用作他们海啸队的正式队标，印到了他们的队服上。更有趣的是，教练也许觉得过于张扬，或许有我们不知的原因，制作时教练并没把泳道“4”的标记放上去。直到今天，他妈妈还珍藏着那件印有这个队标的 T 恤衫队服。

经过几年的训练，儿子的体能和泳技有了长足的进步。有一年，他在区域选拔赛中表现超常，终于入围了德州大赛。作为全州运动会，德州大赛参照国际奥运会的形式，开幕式上有盛大的入场式和烟花表演助兴。每年，该赛吸引万余名业余运动员和几万名观众参与，是德州最大的综合性运动会。运动会气场十足，其隆重程度远远超出了儿子的意料。也许是尝到了甜头或受到了鼓舞，儿子对游泳就比以前更积极了。

暑期过后，儿子决定加入在我们市里的专业游泳队，它是隶属于美国游泳协会（USA Swimming）的地方组织。作为见面礼，儿子收到了奥运游泳金牌最多得主迈克尔·菲尔普斯（Michael Phelps）的祝贺信。

在以前的业余游泳队，儿子只在暑假进行集训。进入了美国专业游泳队，儿子几乎每天进行高强度的训练。而到了暑期，常常是每天游 4 小时，早晨练 2 小时，傍晚再练 2 小时。每次强训练完以后，儿子会感到很饿很疲惫，但情绪却比平时要好很多。在从游泳馆接儿子回家的路上，我就经常跟他聊天或讲道理，我发现他那时总比平时更能听得进去。

除了高强度的训练，在赛事频繁的季节，我们每隔几周就得陪儿子出城参加各区域的比赛。有时参赛的项目多了，我们还需要在外住上一晚；如果他幸运进入了决赛，还得再加住一晚。就这样，他的游泳运动在那几年成了我们全家最忙碌的一件大事。

这么多年下来，我们体会到运动的益处远不止于强身健体。健身对磨炼人的意志和改善人的情绪都有不可低估的作用。尤其对孩子来说，其意义远比多背几个单词、多做几道题要大得多。

28. 挑战自身的极限

对儿子来说，游泳早已不是健身的休闲活动，而是名副其实的竞技运动。它不但要求严格训练，还要在竞赛中不断刷新成绩。这是一个需要长期挑战身体极限和磨炼意志的过程。

他的游泳队每天提供几个时间段，让队员选择适合自己的锻炼时间和频率。在很长一段时间里，我或妻子几乎天天到家或学校接他去游泳。一个单程至少半小时，两个半小时后再接他回家。进入赛事频繁的阶段，每隔几个周末就有区域比赛。它们大多在其他城市举行，需要我们陪他一两天。在那段时期，他的游泳是全家最花费时间和精力的一件事，频繁的训练和比赛常常弄得我们疲惫不堪，儿子却乐在其中。

在儿子进入高中前，高中体育老师几次鼓励他升入高中后参加校游泳队。我们很得意，将此看作老师对他多年努力的肯定。为调整以后的作息时间，他妈妈仔细研究高中游泳队的活动安排。校游泳队早晨 6 点训练，儿子因此需提前两小时起床；校队经常外出比赛，除特殊情况不能缺席，儿子也因此得放弃很多课外活动……我们那时才意识到，参加校队的机会成本是那么高。我与妻子越想越觉得校游泳队不适合儿子，就先打了退堂鼓。幸好儿子也认为他的校外游泳队更个性化，从此打消了转队的念头。

随着泳龄的增加，儿子的教练开始安排他去健身房训练。我不解地问，哪能在健身房练游泳啊？儿子告诉我，这叫陆上训练（Dryland Training），是利用有氧或无氧的健身项目提高游泳水平。我以前常听说有学生游泳时练过了度，造成了肩膀过劳损伤。经儿子这番解释，我才明白陆上训练既能减少重复性动作，又能加强身体的定位锻炼。

在不游泳的日子里，教练要求儿子在家做两件事：练哑铃和跳绳。我们马上购买了大大小小的哑铃，其中最大的有 11 公斤重。我一开始不理解为什么还要练习跳绳，儿子又解释说，练跳绳能促进呼吸和增强心脏机能，还能增加神经系统的灵敏性，是一个减少肌肉损伤和提高游泳成绩的科学方法。学了一段时间，他不但跳得快，还顺带学会了双飞连跳和双手交叉跳。

一个傍晚，儿子游泳后一回到家，就躺倒在床。那时已过 8 点，平时他早已饥肠辘辘了。可他却称自己动弹不了了，说不想吃晚饭。原来在那天下午，他不但练了游泳，还做了高强度的陆上训练，弄得他全身酸痛。儿子哀求我给他好好按摩一下，否则他起不来了。

经过一年的陆上训练，我发觉儿子身上的肌肉同以前大不一样。过去偶尔为他做按摩的时候，我手上能感觉得到他肌肉的弹性。但那天不同了，他手臂和大腿上的肌肉变得很“不正常”，似乎失去了以往的弹性，我手掌像有一种触摸木头家具的感觉。按摩完后，我忍不住对妻子说：“你儿子练游泳已经练成了个木头人。”

陆上训练的效果最后显现了出来。一天，游泳队的主教练通知儿子，他的蝶泳成绩已经达到德州的州际赛标准，问他想不想参加德州年龄组的蝶泳锦标赛。我们以前都没敢奢望他能入围州际锦标赛，能走到那一步，除了靠平时的努力，还真得归功于陆上训练的方法。

美国得克萨斯州运会赛场

做任何事，选对了方法能起事半功倍的效果。人们习惯去做显而易见的事，却忽视了事物之间的内在联系。就像要学好一门学科，不能靠整天去做试题；要游得远游得快，有时也得学会远离游泳池。许多时候，只有退一步才能海阔天空。

29. “起得早、跑得快”不如“走得远”

早起的鸟有虫吃，但早起的虫也会被鸟吃。早教如果进行得过早太急，孩子的兴趣也会给弄没的。许多家长希望孩子能学一种乐器，原本想让孩子得到艺术的熏陶，但修身养性的初衷就逐渐被功利心取代了。在这种环境下，孩子学得无趣，反正一切都是为了考试。

很多孩子考到钢琴十级后，就发誓以后再也不要碰钢琴了。在他们眼里，音乐不是终身伴侣，而是夺走欢乐童年的祸首。我前两年读到这么一个故事：一个女孩从四岁半开始学钢琴，苦练了近十年，顺利考过了业余十级。女孩从此没碰过钢琴，父母就提醒她继续练练琴，女孩回答说：已经练够了，都不要考级了还练什么呀？家长出于无奈，商量着不如把钢琴给卖了，也可以腾出地方放个书架。他们最后感叹道：花费了近十年的时间和精力，女儿学钢琴的意义在哪儿？

我们也希望儿子会玩一种乐器，但首先想到的不是买乐器、找老师、督促孩子练琴，而是想怎么能让儿子爱上音乐。儿子过两周岁生日的时候，他舅舅寄给他一个微型电子琴玩具。儿子爱不释手，经常拿它玩弄个不停。到四岁时，儿子还会时不时地拿那玩具电子琴敲打。他妈妈心中暗暗窃喜，却没送他去学琴，而是把他送到启德童音乐班去玩。

启德童是为 7 岁以下儿童开办的音乐班，其课程设计参照了美国幼儿教育部的“早期实用发展理论”，它有几十年早期音乐教育的经验。孩子在音乐班用打击器、弦乐和管乐等乐器去感受音乐，通过老师的琴声视唱练耳，伴随身体运动去感受乐律。

音乐班的老师还教孩子如何自己动手，体验制作乐器的乐趣。一天，儿子从班里拿回一个简易的吉他，兴奋告诉我们这是他在音乐班亲手制作的！从他兴奋的样子就不难看出，他对此很有成就感。

儿子在启德童整整玩了两年。到了从启德童毕业的那天，他妈妈问：“想不想继续学音乐？”儿子不假思索回道：“当然想啊。”她接着再问：“想不想学弹钢琴啊？”“当然！”儿子一口答应。我们那时意识到，两年的音乐班给他的不只是识五线谱的能力，也不只是能掌握节奏的技巧。音乐班赋予他的，是一颗埋入心灵中喜爱音乐的种子。

儿子从此开始学弹钢琴，师从有丰富教学经验的叶老师。叶老师毕业于中央音乐学院，在我们社区教了几十年的钢琴和竖琴。她重视培养孩子的音乐表现力和基本功，对学生既严格又有耐心。在她的指导下，很多学生在各类音乐比赛中获过奖。

开始学琴的时候，儿子学得十分有兴致，也进步得很快。但当学到“安娜·马格德琳娜·巴赫笔记本（*Notebook for Anna Magdalena Bach*）”这首曲子的时候，儿子在家遇到了个似乎难以逾越的障碍：他的左右两只手怎么也合不起来，它们总打架、不听使唤。

儿子很不爽，开始埋怨自己，也显得有点灰心丧气。他妈妈赶忙安慰他，告诉他不妨先进行分手练习，练好了单手后，再用双手合起来弹。试了一段时间，儿子的双手还是配合得不太好。

看他越来越垂头丧气的样子，他妈妈开始陪着他练琴：他弹左手的时候，她弹右手；他弹右手，她就弹左手。就这样，儿子的双手能渐渐合起来弹了。当他刚能把那首曲子弹下来的那一刻，儿子欣喜若狂，开心得不行了。

那时他妈妈有了个新主意：何不买一架电子钢琴？出乎我的预料，这一招果然管用。每当需要的时候，儿子先录下自己单手弹的曲子，然后一边回放刚录的部分，一边用另一只手配合练习。一段时间后，儿子终于跨越了难关，解决了双手协调的问题，以后就不需要先在电子钢琴上单手练习了。

我本以为那架电子钢琴就完成了其使命，可儿子却给它找了个新的用途。每当他学会一首新曲，刚能慢速将曲子完整弹下来，他就满怀欣喜地为自己录音。录完后，他再适当调高电子琴回放的速度，然后一遍又一遍欣赏起自己的“杰作”，想象着自己已经能弹得那么快了。有时他意犹未尽，再选用电子钢琴中的其他模拟乐器，来回播放他的曲子，比较弦乐、竖琴、大风琴和钢琴等乐器不同的演奏效果。自我陶醉了一番以后，他练琴的兴致就更足了。

为了维护儿子的学琴兴趣，我们不要求他每天练得太多。除了钢琴比赛的前两周，他每天练琴从来不超过一小时。期间他还常常休息一下，喝点饮料吃个水果什么的。可能是这些原因，儿子从不反感学琴，几乎每天都能自觉练琴。就连外出旅游的时候，他有时也觉得手痒痒的，很想弹几下。可每次都很无奈，没能在宾馆找到钢琴。旅游后一回到家，不管那时有多晚，他的第一件事通常是弹一会儿琴。有一次过了午夜两点才到家，我不得不硬把他从钢琴凳上拉去睡觉。

他妈妈小时候练小提琴，曾是复旦大学乐队的成员。她酷爱古典音乐，经常在驱车途中播放各种古典乐曲。久而久之，儿子对其中的一首钢琴曲产生了极其浓厚的兴趣。

那是一首由乔治·希夫拉演奏的李斯特《匈牙利第六狂想曲》，李斯特的《狂六》被誉为最有难度的钢琴曲之一。它的最后两部分，时而委婉，令人心醉神往，时而亢奋，令人气宇轩昂。我们从网上下载了乔治·希夫拉演奏这首曲的录像，目睹了他那令人目不暇接的手指在钢琴键上飞舞的一幕，我们都被他精湛的表演给震撼了。乔治·希夫拉把这首钢琴曲弹到了极致，难怪欧洲音乐界称他为“当代的李斯特”。

有好长一段时间，儿子对《狂六》情有独钟。在路上，他经常反复要求他妈妈放这首曲子，简直到了百听不厌的程度。他有一次听得太入神，就感叹不知何时自己才能弹下这首曲。

他妈妈就勉励说："不急，慢慢学就一定能的。"从此，儿子与钢琴结下了不解之缘。

上大学后，儿子还一直坚持到音乐系学琴，后来还在大学校园举办了一场个人钢琴独奏音乐会，把《狂六》作为了他音乐会的压轴曲。听着谢幕时雷鸣般的掌声，看到他终于实现了小时候的夙愿，我不由得感慨起来。

休斯敦钢琴夏令营汇报演奏会

不忘初心，方得始终。艺术的路并不适合每个孩子，我们只希望通过学琴这件事，儿子能养成这么一种品质：即使在无外来压力的时候，还是能凭自己的兴趣去做好一件事。

30. 三次远行，三种感受

亲子旅游既能开阔孩子的视野，又能让他们懂得欣赏大自然、体验世界的多样性。本以为孩子是跟着我们去周游世界的，但我后来发现，是我常常通过孩子的视角来欣赏风景，去了解孩子的感受。说来也奇怪，仿佛只有那样，陌生的地方才更有意思，旅游才更有意义。

对儿子来说，最有刺激的第一次远游是夏威夷之行。我们搭乘潜水艇探秘海底，感受真实的海洋世界；我们乘坐直升机饱览全岛，鸟瞰夏威夷迷人的风貌；我们又潜水寻探凶猛的鲨鱼，唯恐他们不来觅食；我们还驾着小舟沿岸破浪而驶，又时刻担心着它是否会侧翻。但最刺激的，还是乘坐游艇上的滑翔伞。从游艇上，我们随风飞至两百米的高空，洋面上的游艇成了飘零在水面上的片片落叶。此时对讲机上传来了工作人员的喊话："还要往上升吗？"儿子赶紧回道："够了！"

不过，最让我们留恋的是夏威夷的妩媚。一路上，我们沐浴在风和日丽之下，陶醉于热带风情之中。沿着蜿蜒的环岛公路，路的内侧密布着葱郁茂盛的热带植物。不知为什么，植被中唯热带植物最美。而侧头往公路外侧看去，那里是一片细白绵延的沙滩，亭立的椰树半遮半掩着点点白舟。再放眼望去，洋面上波光粼粼，远处水天一色。与每天按部就班的生活环境相比，那不仅是一道风景，更是一种恬静、一场意境。它不是仙境，却胜似仙境。

但到了夏威夷大岛，我们全家便闯入了一个迥然不同的世界。逆溯着火山流出的熔岩，我们脚底下很快出现了一大片黑乎乎的岩石，摸上去还能感觉到其温热。一眼望去，沉积的熔岩绵延数里，仿佛走不到尽头。但走着走着，我下意识地停了下来，提醒儿子"对和错有时只有一线之隔"，要学会敬畏大自然。

儿子半信半疑，从地上捡起一块小石块，用力抛向前方的岩石。只听到“扑通”一声，半个石块就缓慢陷入了黑乎乎的熔岩中，翻出熔岩内层深红的岩浆。儿子这时转过头来，对着我吐了吐舌头，然后释然一笑，像是在说：“幸亏没走得太近啊!”

儿子 9 岁时，我带他去北京玩。在飞机上，我简单给他介绍了中国近代发生的一些大事。他是在认真听讲，眼神却一片茫然。去了紫禁城、天安门城楼和其他一些地方以后，可能是看得多了，感受到了周围的环境，他开始有点理解一些中国的历史，喜欢上了那里的风土人情。

最让儿子觉得好玩的，是那些在狭小胡同里的人力三轮车。在他眼里，三轮车本身就是一道独特风景。那时的三轮车已不像以前破旧的样子，车夫也身着整洁醒目的橘红色外套。但有一点没有变，车夫还是带着老北京的腔，沿途说些老北京胡同的趣闻轶事。一路上，儿子根本听不懂车夫在大声叨咕些什么，但还是觉得那浓浓的腔调特有趣。

旅行中难免会发生不在掌控之中的事情。北京的最后一站是长城。我们从北一楼往上爬，但到了好汉城，我猛然察觉儿子走丢了！我当时一筹莫展，不知他究竟是迷路下了山，还是他还没有到北八楼。过了近 20 分钟，我们终于在茫茫的人海中看到了对方的身影。我们彼此对视着，我惊讶地发现他很淡定，脸上完全没有一丝惊慌的神态。他一直在找我，我也第一次知道儿子对我无比信任，知道我肯定会一直找他。有了这次教训，我俩以后不管走到哪儿，一直都是形影不离了。

亲子游不但可以打破平日重复的节奏，旅游中的特殊状况也会触发意想不到的感情交流。从北京回到上海，休整了几天以后，我们又去了黄山，领略了雄伟的山峰、奇特的山林和变幻莫测的云雾。最后一天，我们决定去登海拔近两千米的莲花峰。重复了“看景不走路，走路不看景”之后，我们开始向莲花峰挺进。

爬了不到一半，我开始担心起儿子的体力，就自然放慢了脚步。可他却嫌我太慢，就不停催我。在他不停挑战下，我开始加速，想给他来个下马威。大概是爬得太猛了，我的大腿开始发酸发软，最后不得不停下来休息几次。一转眼，他就把我抛得远远的。看我气喘吁吁的样子，儿子才真的意识到我这次并没有故意让着他。他转身往回走了下来，然后依我而坐，开始不停地按摩敲打着我酸酸的大腿，然后轻轻地问：“好一点了吗?”我一边点头，一边用手安抚着他的头。

那时我才发现，自己是世界上最幸福的父亲了。同路的游客看到此景，各个都夸他“真体贴”。也许是儿子的按摩，或许是游客的羡慕，我顿时觉得恢复了体力，腿的酸痛也缓解了不少。我们一口气，登上了莲花峰。回到了上海家中，我给大家分享了这段经历。听完故事，妻子脸上油然升起一种满足感，带着自豪调侃我：“你儿子天天游泳，你怎么能同他比呢?”

人们常说，要读万卷书，也要行万里路。确实如此，旅游中得到的许多感悟，是很难在家中或从书本上获得的。旅游的体验能扩大孩子的视野，敬畏大自然，提高应变能力，也能加深亲子间的情感交流。

31. 探亲和旅行

自从儿子上了高中，一起外出旅游就成了可望而不可即的奢侈。每当暑期来临之际，他往往总有一大堆事要做，总有理由推脱。眼看大一的暑假要到了，我猜想儿子这次不会再有“节外生枝”的事了，就建议他在暑期与我们一起回中国。

过了2014年的元旦，儿子就回斯坦福开始大一的冬季学季。我开始考虑暑期回上海的事，大概是多年没回去，总觉得有太多的地方可带他去玩。就在我酝酿之际，儿子的一个来电又否决了这个安排。

他告诉我们，暑假他要到谷歌或脸书公司去实习，只是还没决定去哪家。我一方面为他高兴，因为那是一个不可多得的机会；另一方面又意识到，如果第一个暑假就去实习，以后暑假就更没有空闲与我们回上海探亲了。

就在我一筹莫展之际，妻子查了一下儿子的课程安排，随后给我出了个主意。由于课程和大考安排巧合的原因，她发现儿子在冬春两个学季之间有十天的空闲。何不利用这个空挡期呢？这是唯一可行的方案，儿子欣然接受了这个新计划。

我们在3月下旬到了上海，恺昇在爷爷和外婆家各住了几天。这么多年后再相会，大家都十分高兴。外婆的几位朋友也前来做客。

为了能让儿子多感受一下中国的文化，我带他到苏州去领略一下中国古典园林的精华。

中国园林与西方园林各自呈现美的两个极端，给人截然不同的视觉和心灵冲击。西方的园林讲究规则对称，却没有刻板之感。它们开阔和有序的景观布局，彰显出大气和向上的气魄，身浸其中会让人感到心胸宽广，促使人们将尘世的烦恼抛诸脑后，斯坦福大学的校园就是一个典型的例子。或许是这个原因，斯坦福的学生就是再忙也会露出一种恬淡平和的神态。

相比之下，中国园林讲究随意自然，却又丝毫没有凌乱之感。狭小的空间被雕塑成幽曲深邃的无限空间，给人一种扑朔迷离和不可穷尽的幻觉，将“一勺代水，一拳代山”的写意发挥到了极致。据说这种审美观起源于中国古代文人和士大夫们，他们出于不得志而移情于秀山丽水。这种心境世代相传而慢慢沉淀了下来，形成了东方特有的那种与世无争的审美情趣。

这是儿子第一次亲身体会中国南方的园林之美。无论在幽径小道上穿梭，还是闲庭信步，或者在阁楼品茶，我从未见过儿子如此沉浸于闲情雅兴之中。而我在陶醉之际，却有一丝淡淡的惆怅。陶醉是因为它的美，惆怅是因为在流连忘返时有一种宛如梦幻的感觉。

我们回到上海稍作休整，便匆匆赶往桂林。浏览了龙脊梯田和桂林市中的一些景点，随后前往漓江。

那天上午，淡淡的水雾迷漫着整个江面，前面的几叶小舟在江面上搅起几条微波粼粼的白线，远处层层山峰在晶莹剔透的云雾笼罩下或隐或现，让儿子第一次领略到“舟行碧波上，人在画中游”的诗情画意。

午餐之前，我们回到游船客舱沿窗而坐，行驶的游船在江面掀起道道涟漪，阵阵春风迎面袭来。就在我们闲情逸致地品茶之际，游船外的江面上突然冒出了个人头，对儿子吆喝着：

“要水果、坚果吗?”

儿子与我大吃一惊：怎么江面上就冒出了个人来了，竟然还在船外与我们同行!

我们定神一看才恍然大悟，原来是个小贩，手搭着我们的船沿，站在小竹排上向我们兜售小吃。此时此刻是如此幽默和妙趣横生，我和儿子先是面面相觑，随后都忍不住开怀大笑起来。没想到会在漓江上碰到这等事，我们也算是长见识了。

第七章

暑假怎么过才不会荒废时光

小孩子不仅喜欢做事的途径，也喜欢得着做事的结果。我们现在遽尔叫他半途中止岂不是剥夺他对于做事成功的快乐，岂不是使他养成一种有始无终的坏习惯吗?

——陈鹤琴

要解放孩子的头脑、双手、脚、空间、时间，使他们充分得到自由的生活，从自由的生活中得到真正的教育。

——陶行知

32. 吸取童子军的正能量

每个人都有自己的生活舒适圈。舒适圈是一种舒适稳定的环境，能让人处于一种低焦虑和低压力的心理状态。在熟悉的环境，每天做几件习以为常的事，走几条了如指掌的路。这种状态对孩子尤其重要，它给孩子一种安全感，避免了过度焦虑等负面情绪的产生。

但凡事都有两重性，生活有甜有苦才完整。不管是丰富阅历也好，还是培养韧性也罢，城市的孩子需要去突破自身的局限，尝试一些平时不可能或不愿做的事。但身边哪儿有这种机会呢？

我与妻子自然想到了童子军。童子军在美国民间很受青睐，它有两百多万青少年参与者和近一百万成年志愿者。童子军是美国文化的一部分，不少人以曾是童子军的一员而引以为豪。最为儿童们熟悉的一位童子军成员，可能就是首位登月的宇航员阿姆斯特朗了。实际上，超过一大半的美国宇航员参加过童子军。童子军的其他代表人物有前总统奥巴马、克林顿、福特和肯尼迪，还有微软公司创始人盖茨，电影导演斯皮尔伯格、影星哈里森·福特、篮球运动员乔丹等。

童子军是训练孩子素质的组织，成员要按期参加技能学习、慈善、操练、野营等集体活动，让少年儿童成为自立自强和有责任感的公民。我尤其欣赏幼子童子军的座右铭：Do my best（尽我全力）。在我们眼里，童子军为孩子提供了一个安全健康的环境，多以“玩”的形式给孩子传授团队意识，以竞技形式植入“不轻言放弃”的精神。

美国的童子军分几个年龄层，8～11 岁的孩子属于幼子童子军（Cub Scouts），而儿子正在该年龄段。幼子军的大队（pack）又由小队（den）组成，小队每周活动一次，大队每月搞一次活动。他们有时去社区做公益，有时学习如绳索打结、制作猎箭或搭建帐篷等技能。我们认为，童子军能给儿子全新的生活体验，让他有更多机会与他人打交道，能培养他适应自然的能力。

我们也猜想儿子会对这种“玩耍”感兴趣，一问果然如此。不知为什么，每当他活动前穿上制服，我们就觉得他特精神和成熟。在所有活动中，郊外露营是最受孩子欢迎的。郊游和露营将小孩请出日常生活环境，给了一种平时没有的新鲜感。在第一次远足中，大队分成几个小组。一路上大伙相互照应，组长顺便讲解野外生存常识。大家穿过了树林，翻越了小丘，花了两个多小时到达了营地。也许是累坏了，或许是有意想释放兴奋的情绪，有些孩子躺在地上尽情地嬉闹叫喊。

随后大家在平地上安营扎寨，儿子与我们搭起了帐篷。到了夜晚，大伙仍然意犹未尽，就围着篝火一边嬉笑畅谈，一边烤制着棉花糖，然后加上一片巧克力，再用全麦饼干把它们夹在中间，制成传统的篝火“斯馍（S’more）”甜点；也有的边吃着点心，边在营地玩起了捉迷藏，直到深夜才回各自帐篷入睡。这是儿子第一次在郊外露营，虽然累了点，却留下了一段美好的回忆。

制作“松林木德比（Pinewood Derby）”赛车是童子军中最花精力的活动，它是鼓励家长和孩子共同参与的传统项目。其主要目的是增进亲子互动，培养不轻言放弃的精神，养成良

好的竞技心态。整个制作活动分两个赛项：赛车的外观设计和赛车从斜坡下滑的直线距离。儿子很快接过了车体制作的任务，想把赛车设计成自己梦想中的那个模样；而我的任务是协助他思考：怎么能让赛车滑得更远。

在制作中我们遇到过不少麻烦。例如，一开始没把车轴和车轮弄结实，车行走时常常歪歪扭扭的，有时还会无缘无故地拐弯。儿子后来知道，要让车在直线距离上跑得远，就要把车轮安得与车轴垂直。他后来还发现，增加了车轴和车轮之间的润滑度，就可减少车轮与车轴之间的摩擦阻力。

这些看似简单，但真的做起来还是挺费功夫的。在我的指导下，儿子前后花了好几个星期，总算完成了赛车的制作。功夫不负有心人，他的赛车在滑行距离的比赛中得了第二名。对儿子来说，他最大的收获是参与了设计和探讨，也因此增加了他对物理的感性认识。

生活无非就是一个经历、一种积累、一场体验。童子军给孩子提供了一种机会，能让他们从学校和家庭之外的环境获取到正能量。这是一种耳濡目染的教育，孩子并没觉得自己在受教育，但其影响比老师每天讲大道理或家长整天苦口婆心有用得多。

33. 暑假怎么过才不会荒废时光

无论孩子去夏令营还是上兴趣班，都应综合考虑孩子各方面的愿望，而其中的一大考量是让孩子找到归属感。归属感是兴趣、情感和能力等心理因素的综合感受，是通过互动而产生的心理现象。一个典型例子是，人们会自愿加入各种兴趣组织或朋友圈，去寻求一种心理依托。根据心理学家马斯洛（Maslow）的需求层次理论，当生理和安全需求得到满足以后，人的下一个渴望就是爱与归属感。

孩子找到了志同道合的群体，就找到了归属感。在学习生涯中，孩子难免会感到寂寞，有了群体归属感，孩子就有了精神上的支持。这对进一步培养孩子的兴趣特长，会起到有不可忽视的作用。如何充分利用好暑假，让学生既玩有所乐又学有所得，这是一件需要孩子和父母认真琢磨的大事。

每逢暑假，儿子都需要考虑是否参加美国高中数学联赛（ARML）。ARML 在夏季邀请几千名爱好数学的中学生相聚，专为他们举办大型年度邀请赛。该邀请赛原本是一项美国本土的赛事，但其影响力已延伸至中国。近年来，中国“希望杯”队几次赴美参加联赛，取得了很好的成绩。外国学生有两份卷子：一份是英文原版；另一份是翻译版，学生可用本国语言做题。

儿子在高二的暑假参加了他的最后一次 ARML 联赛。像以往一样，德州队安排了一辆大巴士将学生从各个汇集点接走，前往近 2000 公里之外的爱荷华州立大学。学生在车上度过一夜，大巴士通宵行驶，经过 20 个小时的长途跋涉才到达爱荷华州立大学。一到目的地，他们就马不停蹄地开始两小时的测试。根据测试成绩，德州大队把来的 45 名成员分成金银铜 3 个分队，教练让儿子担任德州金组队的队长。休息期间，儿子召集大伙一起打牌和玩游戏，希望以此来加速成员之间的了解，增加队员之间的默契程度。在那次联赛中，他的队取得了不错的成绩，在爱荷华赛区名列首位，在 100 多个团队中排列第 13 位。

儿子共去过三届 ARML 联赛。我曾问他为什么去那么多次，他说有两个原因。首先，ARML 联赛不同于其他竞赛。许多学术活动与其说是竞赛，不如说是做考试题。而 ARML 不同，它更像夏令营或体育比赛，因此也更有意思。

参加 ARML 也给了儿子另一个意想不到的收获：终于找到了魔方的玩友！每次出远门，他总不忘带上自己喜欢的魔方。小时候，他对开发智能的模具、魔术套具和魔方等十分好奇。但这种猎奇心大多是昙花一现，特别是那些开发智能的模具，他摆弄一会儿就明白是怎么回事儿，新鲜感便荡然无存了，唯独魔方是个例外。

玩魔方不但需要策略，还考验速度。达到一定水准后，儿子对魔方质量要求越来越高，市场上的魔方已经满足不了他的要求。他开始寻思着将刚买来的魔方拆开，重新加固某些部位，打磨其他部件，然后抛光润滑，最后再组装调试。经过精心加工，他拥有的魔方是一款不易散架、运转灵巧的精致版。

然后他不断摸索策略，争取在更短的时间内破解魔方。就这样，魔方成了儿子的一个宠物。在排队或机场候机厅，他常靠它来打发无聊时光。过去一直苦于找不到玩魔方的伴儿，这次能在 ARML 结识到魔方的玩友，这对他无疑是一个莫大的惊喜。

34. 音乐节夏令营

每年暑假的音乐节期间，休斯敦大学音乐学院举办一次德州音乐节夏令营。高三那年，儿子报名参加了高中生钢琴夏令营，我们驱车两小时到达休斯敦大学。尽管那是第一次去那个夏令营，但儿子对休斯敦大学并不陌生，他曾多次去那儿参加过钢琴比赛。

记得初中有一年，我们赛后刚回到家，就听到儿子的一声叹息："美国的经济真糟糕，现在连奖杯都要矮一截，缺个手啦!"我们不知他在说什么，好奇地前去看了个究竟。我们仔细看了两个奖杯，右边是刚从赛场拿到的第三名，而左边是去年的第三名。前后两年都是第三名，那么为什么右边的比左边的"矮一截，缺个手"呢?

我此前与他聊过美国出现的经济危机那些事，他那时听的时候总显得漫不经心，觉得这些又不关他自己什么事。我当时以为他什么都没听进去，没想到他后来到浮想联翩了起来。

夏令营的活动很丰富，每天有双人演奏和独奏的单独辅导课；在大师课（Master Class），老师对学生进行全面辅导，包括技巧、理解和作曲家逸事等；夏令营也让大家在短时间内自学一首新曲，激发学生对音乐的悟性，观察学生对音乐的独特见解；晚上，夏令营安排学生参加各种音乐会，如钢琴独奏和协奏、交响乐、小提琴，木琴、双簧管等。

童心未泯，注意到了奖杯大小

夏令营的活动已安排得很满，可儿子与一些学生还嫌不够，想见缝插针去大学的游泳馆尽兴。他那时才发觉，自己并没带泳裤和泳镜。我不愿扫他的兴，只能再驱车两小时把这些东西给他送去。

在夏令营的尾声，学生为家长们举办了一场会演，汇报他们的学习成果。夏令营结束后，他还是意犹未尽。12 年级毕业后的那个夏天，他赶在离家上大学之前，见缝插针地又参加了这个夏令营。

35. 斯坦福大学数学夏令营（SUMaC）

高三后的暑假，儿子终于能如愿以偿，赴斯坦福大学参加为期一个月的数学 SUMaC 夏令营。他以前一直很想去，但它总与其他活动冲突，就一直没能成行，这次总算实现了这个心愿。

SUMaC 夏令营在每年的七月中旬至八月中旬开办，一共招收 30 名左右的学生，学生必须是在下个秋季十一或十二年级、15～16 岁的高中生。夏令营老师由斯坦福数学系的教授和学生组成，师生人数的比率极高，平均每位老师带 4 位学生。夏令营的环境也是没得挑剔的，学生的住食都被安排在美丽的斯坦福校园内。

SUMaC 的录取考试是申请材料中最重要的组成部分，报名的学生需要认真应对试卷中的每道数学题。测试题并不太容易对付。对那些会做的测试题，学生要严谨地阐述解题逻辑；对不会做的题，要尽力说明思考过程，以展示处理复杂问题的思维能力。申请材料除了老师的推荐信之外，学生还需提供高中成绩单，如 SAT 成绩和各种数学竞赛的分数或排名等。

与许多学科的活动不同，SUMaC 数学夏令营讲合作而不搞竞争。夏令营的意图是拓宽高中生的视野，在快乐的学习气氛中传授大学基础课以外的知识，如数论、拓扑学、群论及其应用。期间还经常邀请知名的数学家开讲座，给学生介绍当前数学领域的某些研究。

夏令营的一项活动是让每个学生挑选一个主题，然后引导他们开展调研工作，再让学生给大家分享这一领域的发展前沿。从其他学生的调研中，他了解到了许多新的领域，开阔了自己的眼界。据儿子介绍，他选择了一个有关计算机量子算法的调研，这是计算机发展的一大前沿。他解释说，今后量子计算机一旦被普遍应用，目前广泛使用的互联网加密技术就能被破解，会引发一场新的信息革命。

除了学数学，夏令营也有不少丰富的休闲娱乐，如做游戏、看电影、出外旅游等活动。儿子最津津乐道的是旧金山探索馆。这个探索馆的特色是秉持原创和提倡参观者动手，主张寓教于乐，让公众零距离接触展品来感受其中的科学原理。

我们曾问儿子，SUMaC 的哪件事给他的印象最深。他毫不犹豫地说："是那里的学生。"他介绍说，那里不少人阅历渊博，还有自己擅长的拿手好戏。他结交的一些朋友中，有的游泳比他快，有的素描比他好，有的数学比他强，还有的钢琴弹得比他好。在夏令营的最后一晚，大伙都去了告别晚会，可谁也没想到这一发便不可收拾。

过了午夜，谁也不愿先说再见，就一直通宵达旦……直到天亮，大家才含泪依依道别。说着说着，他低下了头，有一丝依依不舍神态。从他的神情和只语片言中，我们领会到他们学生间的纯真情感，一种在朝夕相处中形成的友谊。但这也给我和妻子添了一个小小的遗憾，后悔以前没多安排他参加类似的夏令营。

36. 初次体验大学生活

到了 12 年级，儿子在德州 A&M 大学注册了高年级的线性代数课程。美国大学的许多数学课分普通课和荣誉课，后者自然难一些。他发现有一堂荣誉课靠近高中的午餐时间，可保证他在课后有足够的时间赶回高中，就选了那堂课。

我们想利用这个机会观察他的独立处事能力，就告诉他自己想办法解决交通问题。如果实在不行，我们再帮助解决。实际上我们根本不觉得这是一件难事，他可以很方便地坐大学校车去上课。可我们有所不知，在中午那个时间段，只有一班大学校车经过高中站。不过他也没什么埋怨，为了赶上那辆班车，他提早一小时离开高中。

那时正值我外出，家里只有一辆车，得知儿子的情况，他妈妈想把车让给他开，她自己坐大学校车去上班。可儿子怎么也不同意，说校车不安全。他妈妈觉得这个理由实在有点荒唐。看她越听越糊涂，儿子才解释说，那段时间的校车是很拥挤的，经常有大学生在校车上大大咧咧的，他们上下车也很鲁莽。他怕那些学生不小心会撞到她，所以情愿自己多花些时间。他接着安慰说，自己多花点时间没关系，等以后挤不出时间再用她的车。就这件事，让他妈妈感动了好久。

接下来的一个学期，儿子在大学报了另一门数学课，通知我们这次更不用担心交通问题了。他找到了一位高中同学，她去大学上生物课，他就搭她的便车去上课。

大学附近有许多餐馆，他们课后就一起去那儿用午餐，一起聊课堂和实验室发生的趣事。尽管高中的午餐挺不错，他还是想在外换换口味。他发现不用整天被关在高中，能到外面走走是个挺好的感觉。我与妻子此时都意识到，以后不必担心他离家上大学了：看来他早准备好了。

在那个学期，儿子有一次需要到外州参加竞赛，为此旷了整整一星期的课。一回到家，他就马不停蹄地补做第二天要补交的所有作业。我建议他不如说服老师通融一下，应该会同意他晚一天补交的。可他嫌麻烦，情愿熬夜做完了事，结果到了凌晨 5 点左右才勉强睡了两个多小时。

我那天一直担心儿子白天会发困，一回家就问他上课时是怎么熬过来的。他笑笑说，大学数学课开始没多久，他就实在困得不行了，便迷迷糊糊趴着睡着了。一觉醒来，他看见老师在黑板上刚做完一道题，仔细看了看，就提醒老师有个地方错了。那老师笑着说："那我们就再做一遍吧。"

我这才放下了心，告诉他这次算他好运，碰到了个脾气好的老师。我接着给儿子讲了一个在美国亲身经历的事。在一堂课上，时间已过了大半，大家看见老师从讲台上拿起一支粉笔，忽然用力砸向坐在后排的学生。所有学生被老师这一突如其来的举动弄得目瞪口呆，缓过神来后都朝后排那个方向看，才发现有一位学生被那阵骚动惊醒，迷迷糊糊的样子。那时大家都意识到他刚才在趴着睡觉，便惹怒了老师。这位老师水平很高，但也很严厉，平时不喜欢学生上课迟到，更不用说在他的课上睡觉了。

尽管那次熬夜不是儿子的过错，但我还是忍不住借机敲打他一下，提醒他。这又一次证明了，睡眠是不能偷工减料的，拆东墙补西墙只能是个权宜之计，万万不可将它当作长久之策。

第八章

美国学生其实不轻松

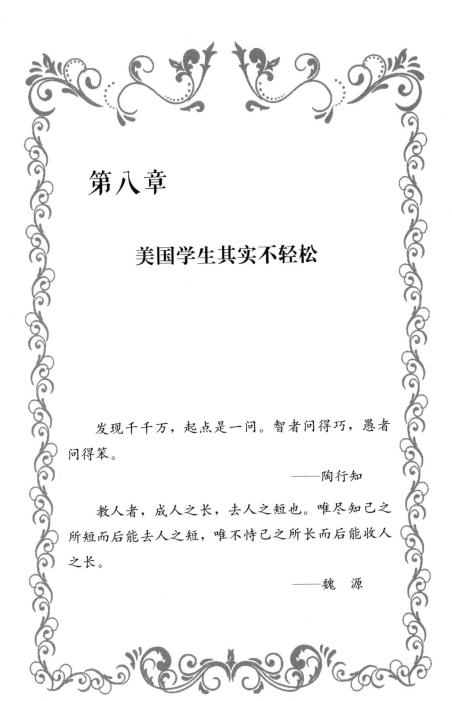

发现千千万，起点是一问。智者问得巧，愚者问得笨。

——陶行知

教人者，成人之长，去人之短也。唯尽知己之所短而后能去人之短，唯不恃己之所长而后能收人之长。

——魏　源

37. 美国小学也有提高班

美国在教育上采用放任的模式，但它同时又有一些极好的教育资源。事实上，“听之任之”的教育方法与“因材施教”并不冲突和矛盾，这两个特点在美国的教学中体现得淋漓尽致。

自从20世纪50年代苏联发射了第一颗人造卫星，美国便在压力下奋起直追，开始在小学追加资源扶植特优生。美国也因此有了双轨制教育：在继续传统的教学体制的同时，政府另行拨款建立起了提高班的体系，尽量不让已有的教学环境拖住特优生的后腿。

“特优生项目（Gifted & Talented Program）”的人数通常控制在学生总人数的5%左右。美国的提高班很低调，也没有固定的班级，看不到有哪间教室挂有“提高班”的招牌。提高班采用“开小灶”的形式，在每星期的几节课中，老师把一些学生请出原来的教室，给他们另设课堂。

上三年级那年，儿子从学校拿回一张表格，让我们签名同意儿子参加学校的提高班。儿子进了提高班才发现，他虽然逃掉了原来的课，但作业还是得补交的。所幸小学的作业量本来就不多，儿子因而没什么怨言。

最让我感到惊讶的是，老师竟然教小学生学做研究报告了。在提高班上，老师指导学生怎么做研究，然后让大家挑一个自己感兴趣的课题去尝试。儿子选了关于电路的课题，通过阅读书籍和凭过去在家玩电路玩具的经历，制作了一个介绍电路工作原理的海报，这是他人生的第一份“研究报告”。学生们的课题五花八门，如有的喜欢打篮球，就选择了关于篮球的课题。老师让大家在学校一间大厅陈列实物和海报，给全区的学生和家长讲解他们的心得。

这是西方教育的一个最大特点。对好学的学生来说，他们学到了模仿成人发现规律的过程，而不是单纯去记忆事物的“本质”。这也是西方学术界的一个理念：人类不可能知道事物的本质，人们现在所知道的都受限于现阶段的感知能力。某个观念或理论一旦被确认与实验结果不符，它就会被舍弃，几百年的科学发展就是这个进程。这个理念在西方根深蒂固，学生因此从未受过教条的束缚，这也许就是西方不乏开拓性人才的根本原因。

除了开设特色课程，各种课外活动也是提高班教育的一部分。以前在蒙氏学校，老师要求儿子每天写日记。但儿子自二年级转到公立小学以后，小学老师很少要求学生写作。他妈妈曾几度督促他在家继续写日记，但他总以“我不喜欢写作”来应付。我们也多次鼓励过儿子参加学校的写作班，可他对此就是不上心。

一天，儿子从学校回到家，递给我们一张字条。原来，老师也推荐儿子去写作组，让我们同意他放学后参加。写作小组在每周组织一次活动，辅导老师通常会让学生写1～2篇短文。

猜想儿子不愿意去，他妈妈就想以“这可是老师请你去的”去说服他。可还没等她说完，儿子就痛快答应了下来。他妈妈既高兴又好奇：“怎么这次答应得那么爽快呀？”儿子不假思索地回道：“这样放学后就不用马上回家，能继续与其他同学待在一起了。”孩子心里想的原来是这么的简单！

老师有一次让学生写一篇“如果不小心用球砸碎了邻居家

的玻璃窗”的短文。我借机给儿子介绍了孔夫子，说几千年前有个叫孔夫子（Confucius）的中国人，他告诫人们“己所不欲勿施于人（Don’t do to others what you don’t want others to do to you)”。儿子说曾听人提起过孔夫子，但过去不知道他是中国人。

学年结束前，老师挑选了 4 名学生参加学区的写作比赛，本来“不喜欢写作”的儿子却得了第 3 名。从此，他再也不说自己不喜欢写作了。这项课外活动让我们了解了儿子的一个特点：即便独自一人不愿干某件事，但有了合适伙伴，他可能会做得津津有味。我们从此多了一个哄儿子的手段，我也加深了对“人是社会型生物”的认识。

当然，并不是所有集体活动都对儿子有足够的吸引力。儿子上小学 3 年级的那年，老师希望他参加单词拼写比赛。拼字比赛（Spelling Bee）是美国很流行的传统少年竞赛，电视台每年都对拼字决赛进行实况转播。参赛选手都是不满 15 岁及九年级以下的学生，包括中国在内的其他国家学生近年来也开始参与此项竞赛。但儿子对此却提不起任何兴致，而我觉得这个活动过于强调记忆，也就懒得去说服他去尝试。

在提高班，儿子最热衷的一项活动是数感（Number Sense）。培养数感是培养对数的感悟，强调有意识地在日常生活中去捕捉事物中数量的特征，像平时使用的各种容器大概相当于多少杯水，或者一米高的纸大约有多少张纸。其次，它强调心算能力，训练学生能口答一些算术题，如95×95=9 025 或 234×101=23 634。

一段时间以后，看到儿子对数感蛮有兴致，我们就迎合他喜欢合群的心理，让他去周末中文“学校”上数感课。这里的中文学校是中国留学生自发组织的团体，老师们都是一些孩子的家长，对孩子的教育都很热心。他们有的在大学任教，有的是学数学专业的。

数感的内容一定适合儿子的心理，他觉得很好玩。通过数感训练和比赛，儿子增加了对数的悟性。没多久，他就能心算出任何两位数或三位数乘以 11 的结果，如 54×11=594。因为他知道乘积的个位数 4 就是被乘数 54 的个位数，乘积的十位数 9 是被乘数的两个数字 5 与 4 之和，而乘积的百位数 5 是被乘数的十位数 5。当然，如果乘积的十位数要进位，乘积的百位数就要加 1，如 89×11=979。

另一个简单的例子是从高位开始做减法。人们做减法时通常是从低位做起的，而表达数字却都从高位开始。因此学习从高位开始的减法，能加快心算的速度。例如，学会了高位的减法，学生能很快说出 2367－1978 的答案是 389，那是因为：

最高位：23－19=4（代表 400）

两低位：78－67=11

答　案：400－11=389

儿子如果是自发地想去记忆或背些东西，我们通常是不会执意反对的。但学习数感常常不必单靠记忆。我们经常不失时机地提醒儿子，理解心算中的道理比熟记技巧来得更重要。还是拿上述两位数 54 乘以 11 为例，其逻辑无非就是：

$$
\begin{array}{rrrr}
 & & 5 & 4 \\
\times & & 1 & 1 \\
\hline
 & & 5 & 4 \\
+ & 5 & 4 & \\
\hline
 & 5 & (5+4) & 4
\end{array}
$$

儿子学到的心算技巧有近 50 种，不但自己学得津津有味，还常常来考我。他得意地发现，我的数感水平比他差得多了。一个周末，儿子知道我不行，却还是执意考问我圆周率的前 100 位数是多少。我说我只记得是“3.1416”，他一本正经地摇摇头，便一口气吐出 3.1415926535897932384626433832795028841971693993751058209749445923078164062862089986280348253421170679 一百位数，随后得意地扬长而去。

38. 美国初中的特点

我曾有个这么一个问题：为什么美国大学生比中国大学生要独立和成熟得多？儿子上初中后，我找到了答案。除了社会文化的影响，美国中学提供的训练是一大因素。在课程安排上，美国初中开始与大学接轨，而高中就成了缩小版的大学。

美国初中是两年制，开始实行走班制，学生没有固定教室，学校也没有了班级的概念。在教学楼的走廊旁，学生有自己的专用柜，用于存放课本及学习用品。下课铃一响，大家目中无人地往教室外拥，有时得去专用柜拿课本或学习用品，再摩肩接踵地赶下一堂课。

也许是由于课程安排不过来，也许是不想让学生有惹事的时间，学校只留给学生几分钟更换教室。有一学期，儿子的前后两堂课在教学楼两头，相距较远。开学后没几天，他已经迟到了两次。为了避免再迟到，他不得不每次小跑着去赶那堂课。

儿子一次正在赶路，意外地被校长迎面撞见。校长笑嘻嘻把他拦下，慢条斯理讲了一通“不可以在走廊跑步”的校规。谢过校长的提醒，儿子继续上路，却发现走道几乎是空荡荡的。眼看又要迟到，他把校长刚才的教导抛到了九霄云外，继续小跑了起来。刚踏进教室，上课铃响了。还好老师大度，没和他计较。

在儿子上的那所初中，亚裔学生不到一成，学校气氛比较轻松活跃。上课时，老师不那么强调课堂纪律，没有先举手再提问的要求，学生也常常可以在课堂上走动。到了期末，学校也没有特别紧张的气氛。在每课的学期成绩中，期末考占的分量极其有限。学科的成绩通常由学期的综合表现而定，如作业、报告、随堂小测验、期中和期末考等成绩。如果学生平时的成绩良好，许多课就直接免了期末考试。对儿子来说，期末大考那几天是一学期最轻松的日子。

从初中起，老师开始布置长周期作业，要求学生在几星期内独立或合作完成。例如，语文老师会挑选长篇小说或杂志上的深度文章，让学生根据自己的理解，写总结或读后感；科普老师会布置动手项目，让学生通过设计制作去验证学到的知识；老师还时常让学生演示或讲解他们的作业，再请其他学生提问，大家随后讨论，等等。

在很大程度上，学校的教学方法揭示了社会的知识观。西方知识阶层尊重知识，但质疑知识的权威，一向认为知识是动态的，因而想去推翻和重建。相比之下，中国教育界敬畏知识，更敬畏知识的权威，多多少少觉得知识是静态的，所以倾向去积累与继承。

与应试教育相比，美国学生在繁多的长周期作业上耗费了大量精力，少做了许多试题，所以他们的解题能力普遍不如东方学生。但长远来看，这种慢教育给孩子提供了模拟成人探索的机会，让学生体验了发现事物规律的过程。对想上进的学生来说，他们学到了知识，也在潜移默化中建立了独立思考和探索的意识。

39. 美国学生其实不轻松

许多人认为中国高中生太辛苦，而美国高中生很轻松，实际上并非如此，他们的情况也不太有可比性。正如有人说的，每人每天有 3 个 8 小时：第一个 8 小时都在学习工作，第二个 8 小时都在睡觉，而人与人的区别就在于第三个 8 小时。

许多原因造成了美国高中生的忙碌，而其中之一是老师不按书本授课。在美国学校，教科书只是参考书，很多作业也不存在标准答案。例如，老师念到了好文章，就让学生去精读。想拿高分就得肯花时间读透文章，再阐述自己的观点，仅凭套路或堆积他人的段落是混不过关的。但美国高中生不轻松的更大原因是，他们的忙碌是自找的，辛苦程度自然上不封顶。他们忙碌的内容五花八门，如参加竞赛、社团或公益活动，以及搞研究，等等。

早在百年前，新文化运动的领袖胡适就给大学毕业生一句赠言——人的前程往往看怎样用好闲暇时间，在业余时间做的事往往更重要。在美国，许多高中生就是如此去躬行实践的。

40. 论文写作的重要意义

儿子兴致高的时候，有时会跟我们简单聊聊他的研究工作。俗话说隔行如隔山，我们没有精力和能力参与其中，平时只能为他提供一些类似秘书性质的服务，帮他排除一些干扰。但在大方向上，我们还是会提醒儿子，让他知道自己在往哪里走。

儿子在高三暑假参加阿马托教授的团队后，经过大量测试和进一步完善，他发现自己开发的新算法要比现有文献上的算法高效得多，能成倍提高导航的计算速度。听到此消息，我们自然为他高兴。可高兴之余，在对“下一步该怎么做”这个节点上，我们与儿子产生了分歧。

儿子认为应该趁热打铁继续做下去，他还有其他一些主意，也许会发现更好的算法。而我们则认为，他剩下的可利用时间不多了，所以应该先把研究成果归纳总结并写成研究报告。在沟通中，我们意识到，儿子此时更热衷于做具体的研究，而不太愿意写论文。

写论文是做研究的一个不可分割的组成部分，但学生尝试研究工作时常常忽视这一收尾环节。写论文的过程，是迫使人的思维更加周密的过程，也是让研究更严谨的过程。研究结果是否真有意义不是由自己认定的，每个做研究的人都会认为自己的研究很有意义。如同把产品投入市场后才能知道产品是否会被消费者认可，研究工作也需要用某种形式发表成果，这是与同行专家交流的重要途径。再说，不出论文的研究最后就没了意义。只有发表了结果，才可能为他人以后的研究所引用。

我们最后开导说，写论文是研究的最后一环，很有必要去学习和尝试。儿子听了觉得在理，就开始着手写论文。我问儿子写论文时遇到过什么困难，他说别人的文献念得多了，就自然知道该怎么写了。果然论文进展得很顺利，只用了一个多月，他完成了二十多页的初稿。

41. 义工俱乐部

美国高中的一大特点是其多元化课外活动。儿子的高中有近 50 个俱乐部，内容涉及学科竞赛、机器人制作、辩论演讲、校报年鉴、艺术、合唱、乐队及社区服务等。如果找不到适合的，有的学生还凭自己的兴趣创办俱乐部。

“把成绩搞好就行，其他都别管了。”许多家长是这么吩咐孩子的，告诉他们什么都不如考分来得实在。虽然这种观点十分狭隘，但我对孩子的活动也是有过怀疑的。上了高中以后，儿子在校俱乐部的活动明显增多了，经常通知我们下午五点半后去接他。这些活动是否流于形式？我后来找到了答案。

我以前对高中义工俱乐部活动没什么了解，只知道学生为学校或社区做些力所能及的善事。几次偶然的巧合，让我有机会了解他们平时在干些什么。

有一个学期，义工俱乐部打算为社区的小学生们举办一次公益活动。大家集思广益，最后决定为小学生办一个小型科普展。其中一项活动是“挖掘宝藏”。在一个塑料充气池中，俱乐部成员预先配制了一种不透明的神秘液体，然后把一些“宝贝”藏入液体中，让小学生们去寻找。

那次活动一开始，小学生们个个迫不及待地把手伸入黏稠的液体中去淘宝。可他们越心急、挖得越快，液体会变得越凝固，他们的手就越不能动弹，犹如那种神秘的液体有意与小学生作对，现场气氛就一下子变得热闹了起来。经过暗示和引导，小学生们才发现一个奥秘：只有将手在液体中慢慢挪动，神秘的液体才会松动放行，这样才能找到藏在里面的东西。

科学家给这种液体起了个神秘的名称——非牛顿流体。这种流体不同于普通液体，它在外力急速冲击下会暂时固化，只有被慢慢搅动才会像普通液体那样流动。当然，这种液体并不神秘，它只不过是玉米淀粉加水而制成的普通糨糊。它虽普通，却告诉了小学生们一个道理，科学无处不在，科学知识可以帮助我们了解日常生活中遇到的许多现象。

看似一个简单的活动，大家花的时间却远远超出了原先的预期。从讨论搞什么活动，到与社区的小学联系，然后确定活动的具体时间，再讨论应该买多大的充气水池，计算需要多少盒淀粉，最后外出购物，搭建活动场地……加上社区不容许将这种液体倒入下水道，结束后还得用特殊方法去处理那一整池糨糊。以前，儿子是看人挑担终觉轻，亲自参与了才知道，事非经过不知难。

听着他的叙述，我的思绪被拉回到了过去。儿子小时候，我们那时几乎每年带他看科展。他每次总要看完每个演示，从液化氮将柔嫩的玫瑰花瞬间转变成脆薄的“玻璃”，到点燃氢气球而产生的爆炸；从气雾室观看我们眼皮底下的宇宙射线，到高温超导产生的悬浮体……想着想着，我不能撮合跟前的他与脑海中他小时候的模样，我暗暗感叹岁月如梭。仿佛弹指之间，他从活动的观摩者蝶变成了主办者。

透过另一次俱乐部活动，我对儿子有了更深的了解。那天，儿子与我约好下午5点在学校门口接他去游泳。我从5点开始等了半个小时，就是不见他的踪影。我发了几个短信，打了几次电话，始终没他的回复。我正准备进校门看个究竟，才见他冲出了校门。与平时不同的是，他这次是满头大汗的。原来，刚才发生了一件他意想不到的事。

那天下午，负责一项竞赛的领队老师突然通知每个队员，要他们放学后为下星期的比赛增加一次集训。该比赛是团体赛，所以儿子不能缺席。但那天恰逢每周一次的回收日，俱乐部回收小组必须把全校的废纸收集到一起，由回收公司运走。作为负责回收工作的主管，儿子必须到场安排当天的工作。每星期参加义务的学生和人数都不固定，他要根据学生有无经验，将他们分成几个小组，再分配哪些小组回收学校的哪些区域。

儿子显然不能两头兼顾，就急中生智想出了一个两全其美的办法。他与一位有回收经验的同学商量，请那位同学放学后顶替他负责回收的工作，这样他就能抽身去参加老师临时安排的集训。集训结束后，他原想马上给我打电话去提前接他。可不知为什么，他对回收工作总是放心不下，就决定去看看情况再说。

一到那儿他傻眼了。约好顶替他的同学并没有到场，有些参加义工的学生也早已回了家。幸亏还有一些同学仍在等候着他，向大家道歉之后，他便与同学一起将废纸集中到一个个回收专用桶中去。

儿子后来才明白，自己没表达清楚，那位该顶替他的同学误解了他的意思。幸好儿子那天不放心，在离校前去看了看，否则就误了大事。一旦错过回收公司的班车，学校回收专用桶在下周就可能不够用了。他边说边摇头："一星期哪能用得了那么多纸呢！"

自从参加了学校的废纸回收工作，儿子判若两人，在用纸上有了彻底转变。我平时在家或公司打印时，总尽量双面打印，或者利用纸空白的背面写些东西。以前多次提醒儿子不要浪费纸，但他总觉得就打印这么几张，不值得费周折。后来有一次，他妈妈拿了一张白纸为他写个请假条，让他交给老师。他边说"不用这个"边从他妈妈手中夺过那张白纸，再从他书房的一叠废纸中，取出一张可再利用的废纸，撕下一半后递给他妈妈。

我好奇地问儿子，现在怎么在乎节约用纸了。他叹息说，学校一星期用过的纸可以堆成一座小山丘，而最可惜的是绝大多数只用了一半。在回收时，他常常会觉得一堆的废纸中有许多没用过，把纸翻过来后发现，上面就写了几行字。学校一星期的用纸量和浪费程度，给了他极大的感官冲击，他从此树立了反对浪费的思想观念。

42. 数学俱乐部

如果问美国学生，最怕的课程是哪一门？多数人会答：数学。他们常常抱怨数学既难懂又枯燥，只有背出公式才会做作业。在美国，高考的数学难度也只有中国初中的水平。从这个角度看，大多数美国学生的数学水平极低。

有同学曾问儿子："为什么一元二次方程的公式那么复

杂?”儿子跳过几年的数学课，不知道老师上课时是怎么教的，就不解地反问：“难道老师没教公式是怎样推导出来的?”平时常有同学向儿子请教数学问题，他不止一次听到类似的抱怨。

一个暑假，儿子无意中看到由保罗·洛克哈特（Paul Lock-hart）写的《一位数学家的挽歌》（*A Mathematician's Lament*）这本书。作者感叹道，数学本来应该是一门探索模式、发现新规律的艺术，可学生却觉得数学没吸引力。其根本原因是现在只教问题的类型和相应的公式，只要求学生按固定步骤去解题。作者然后在书中列举了不少实例，告诉读者该怎样教数学，如何去启发学生的想象力。

受了该书的激励，儿子在新学期召集了一些对数学感兴趣的同学，为他们开了讲座班。他每星期为同学讲解有疑惑的概念和题型，介绍一些大家不熟悉的解题技巧。能深入浅出地讲清一个道理，有时确实是个不小的挑战，但也能带来乐趣。为达到更好的效果，他多次为了一个满意的讲稿准备到深夜。看到参加讲座的同学不断增多，儿子更有了满足感，最后自告奋勇的当了数学俱乐部的主席，去做更多尝试。

“理解后自然形成的记忆”与“死记硬背后挤出来的记忆”是两个不同的概念。那本书对儿子的触动很大，他推荐我去读一读，想听听我是怎么看的。浏览了该书的主要章节，我感同身受地说：“你可能不记得了，你小时候我就是这么教你的呀。”

数学是逻辑推理的语言。任何一门学问，如果用不着数学，就不是科学。但美国却有一个奇怪的现象：尽管它是近百年的科学领头羊，但绝大多数学生的数学很差。这从美国高考也能看出，其数学要求只相当于中国初中的水平。如果在美国待的时间长了，人们就会发现这也是一个假象。

在中国，不管学生喜不喜欢数学，大家都得上同一程度的数学课。许多学生要跟上步伐，就被逼着上补习班。而在美国，课程分多种等级。即使没有家长或老师的压力，真正热爱数学的美国学生也会自主选择有挑战性的课程。

在这种大环境下，讨厌数学的孩子只需接受最肤浅的数学教育，这种教育以死记硬背为主；而酷爱数学的美国学生能享受最高级的数学教育，这种教育是以培养能力为目标。这就是为什么绝大多数美国人的数学能力极差，但总有那么多美国人能在数学和科学上做出令人瞩目的建树。

43.“科学碗”俱乐部

为准备国家科学碗（National Science Bowl），学校建立了科学碗俱乐部。该竞赛由美国能源部组织支助，是美国高中生科学知识的团体赛。比赛采用一问一答的抢答形式，节奏相当快。每个队由 4 名成员和一名候补队员组成，老师担任教练。每年赛前的几个月，领队老师开始组队，然后召集大家每周集训一次。这项比赛涉及的领域极广，涉及数理化生、地球科学、天文、能源等科目。

在担任俱乐部队长期间，儿子分配和协调每个队员负责的科目，确保所有的学科都有学生去准备应对，同时又要避免个别队员负担过重。而最棘手和最花时间的是准备那些大家都没有学过的领域，如天文、能源、地球科学这些科目。

儿子先让其他队员挑选了他们想负责的科目，自己负责剩下的地球科学这个冷门学科。赛前的那段日子，儿子经常在家阅读地球科学方面的资料，同时帮助其他成员学习新的知识，鼓励大家相互帮助。他解释说，如果负责某领域的同学在比赛中答不上来，团队的其他成员可在第一时间去补答。

我问儿子，你为这个竞赛花了不少时间，到底学到了什么新的东西。他想了想说，他发现队员平时的互助，是了解彼此特长的最好机会，也是培养默契的最好途径；默契能让大家拧成一股绳，有助于提高比赛成绩。

几年下来，我逐步转变了对高中俱乐部的认识。以前，我只把高中俱乐部看作是普通的课外活动，后来才意识到这种理解是相当肤浅的。如果学生真的用心去做了，高中俱乐部是学生进入社会前难得的实习机会，也是促使学生独立和成长的摇篮。

第九章

参加奥数比赛的前前后后

如果没有好奇心和纯粹的求知欲为动力，就不可能产生那些对人类和社会具有巨大价值的发明创造。

——（美国）陆登庭

如果学习只在模仿，那么我们就不会有科学，就不会有技术。

——（苏联）玛克西姆·高尔基

44. 适时松手，才不会折断翅膀

有句话说得极好：你曾经折断了我的翅膀，现在却怪我不会飞翔。许多家长总觉得孩子不懂事，因而凡事替孩子代劳。这么做似乎很有担当，但从科学管理角度去看，这种事必躬亲的管控反而会适得其反。美国《实验心理学杂志》在 2011 年发表了一篇“在压力下窒息”的论文，它用大量的数据表明，管理层的监管频率越高，员工的工作效率就越差。管理企业是如此，管理孩子又何尝不是如此呢?

尤其在孩子叛逆期，家长如果不适时松手，孩子就可能以最糟糕的形式发泄不满。我知道的极端例子中，就有一位家长与处在青春期的孩子发生了严重的冲突。孩子一气之下离家出走，最后放弃了上大学。还有一位家长非常重视教育，让孩子从小立志成为外科医生。上高中后，孩子对家长的高压产生了极大的抵触情绪。家长在无奈之下也做出了妥协，告诉孩子只要当医生，将来干哪个科都行。家长终于等到了那一天，看到孩子从医学院毕业。可强扭的瓜不甜，孩子工作后一直闷闷不乐，最后来了个先斩后奏，离开了医疗这一行业。果然，天下没有赢得过子女的父母。因此，与其以后两败俱伤，父母倒不如先学会让自己松手，多给孩子成长和选择的空间。

当然，凡事都是知易行难，学会松手需要智慧和磨炼。我儿子上小学五六年级前，一直算是比较听话的孩子。我看他平时学数学蛮轻松的样子，有时就择机给他讲解一些有趣的东西。儿子觉得数学蛮有趣，就一直高高兴兴地跟着学。但有一天，他却像变了一个人。他当时眉头一皱，用很厌烦的口气回了我一个字："No !"怎么就不想再这么学了？被这莫名其妙的态度弄得不知所措，我一气之下就与他争执了起来……这是我们之间第一次激烈的争吵。有好几个月，我一直处在精神恍惚之中，不知道怎样再继续与儿子交流。

时间也许是最好的良药。随着时间的推移，我渐渐意识到儿子的行为是有预兆的，以前我只是装着看不见而已。在那次叛逆的前一段日子，儿子在家变得沉默寡言，像是蚕结了茧，把自己裹了起来。我当时还觉得很庆幸，心想所谓的叛逆并没有别人说的那么可怕。正是因为这种侥幸心理，我从未对此做好心理准备。

我在反思之余，回忆起一件往事，想起有人曾对我说的一句话。儿子三四岁的时候，我常带他去附近的公园玩。一天，我像往常一样带儿子去了公园的儿童乐园一角，看着他与其他孩子一起玩滑滑梯。到了中午，人们渐渐散去。一位慈祥的老太太带着小女孩从我身边走过，随便与我寒暄了几句。告别的时候，老太太带着一种意味深长地微笑说："Enjoy while you can!（趁现在赶紧享受吧!）"随后牵着小女孩的手缓缓离去。回想到这里，我突然明白了老太太当时的弦外之音。

老太太没说出来的后半句应该是："Before it's too late（否则就晚了）。"是啊，叛逆是不分种族和国界的，孩子在青春期出现叛逆行为很正常，这是每个人必经的一个阶段。想通了这个道理，自己的心情就好了很多，再想起儿子小时候可爱的模样，我甚至觉得老太的话过于消极。实际上，我应该这么去摆正好心态：在享受小孩天真童趣的时候，就要提醒自己，孩子哪天变得"不听话"了，就多给孩子一点宽容，多留给孩子一些长大的空间……像是做了一次时空穿越，我的心态变了。态度决定了行为，而行为能养成习惯。从起初的不得已，到后来的自觉，我开始学会了松手，习惯了由儿子管理自己的学业。

但旧习惯又常常是积重难返的，父母的成长也需要时间磨炼。儿子上高一那年，他有一天突然告诉我们，想参加奥林匹克数学竞赛。我听了很高兴，不知不觉地开始为他忙碌起来，不断寻找一些典型试题让他做。儿子那时很配合，有时候遇到一些难题，我俩还一起讨论。几个月下来，我给他的压力也一点点加大了。直到有一天，儿子又“造反”了，甚至放弃了学奥数。我挺后悔自己帮了个倒忙，意识到自己忘了上一次教训，竟然犯了同一个错误。从那时起，我才真正学会了松手。

我后来发现，少了对我们的戒心和怨气，儿子反而更愿意采纳我们的建议。松手当然不是不管不教，而是为了更好地管教。就像抗生素，平时用得过多，到真需要的时候就不起作用了。同样，父母干预孩子的次数也是有配额的。随着孩子慢慢长大，父母的管教需要从演变到“抓大不抓小”，把宝贵的干预机会留给孩子人生中的一些关键节点。如果当初执意不松手，我不敢想象后果会是什么样的。从某种意义上说，家教首先是父母不断自省的过程，也应该是父母获取智慧的旅程。

45. 参加奥数比赛的前前后后

人的一生是竞争的一生，而竞赛是锤炼抗压能力的平台。因为竞赛是模拟的环境，所以孩子输得起。有的学生害怕竞争，而竞赛恰恰提供了锻炼的环境。进入社会以后，竞争的结果往往会影响或改变人生的轨迹。既然不能回避现实，就有必要在模拟环境中去磨炼。

对那些喜欢竞争的孩子，竞赛利用了他们不服输的心理，促使他们不轻易放弃既定的目标。同样重要的是，竞赛能让孩子看到任何领域都是强者如林，能使人谦虚和减少盲目的自信。只有学会了欣赏他人的能力，才会有真正的自信。

为了提高学生对各学科的兴趣，美国每年举办各类学科的高中生竞赛，而奥林匹克学科竞赛是最有影响力之一。奥赛包括数学（USAMO）、计算机（USACO）、物理（USAPhO）、化学（USNCO）和生物（USABO）等。一些顶级大公司也为美国高中生提供竞赛舞台，其中名声最大的要属“英特尔科学人才奖”“西门子科学奖”和“谷歌科学博览会奖”等。与奥赛和其他学科竞赛不同，这些由知名大企业举办的竞赛着重于学生的研究、发明和动手能力。

在北美洲，每年竞逐入围美国奥数竞赛资格的学生超过30多万人次。加入美国奥数同步测试的还有几十个国家和地区的几千所学校。入围美国奥数竞赛需要经过两轮考核：第一轮是AMC（美国数学竞赛，相当于中国高中数学联赛第一试），选出的学生晋级到AIME（美国数学邀请赛，相当于中国高中数学联赛第二试），再选出约250名选手入围USAMO（全美奥数竞赛，相当于中国数学国家集训队选拔赛）。

从高一至高三，儿子参加过不少竞赛，也在奥林匹克数学、物理和化学竞赛中取得过不错的成绩。其中，他的奥数经历最坎坷，也最有戏剧性。上高二的时候，儿子取得了参加USJMO（美国初级奥数竞赛）的资格。看他平时花在奥数上的时间并不多，我觉得他再努力一把就可能入围高三的美国奥数竞赛。我开始筛选出一些典型的奥数题。替他节省了不少准备试题的时间，他也乐意与我配合。

一个周末，我让他试试我收集的一些有意思的奥数题，看看在哪些领域他需要弥补和加强。但没想到他突然眉头一皱，说“不想做”，随即转身就走。我去问为什么，他气呼呼地说我管他越来越多，他再也不要参加奥数了。没想到我好心办了坏事，后悔也来不及了，开始自省为什么总不愿松手。

我们从此彻底调整了策略，像奥数这种小事今后就放手不去管了，全由孩子自己去处理。以前我们注重开导和说服，以后强调提醒或建议。妻子告诉儿子：“以后除原则性的问题，你的事由你自己做决定，我们只是提醒你而已。”我也解释说：“美国总统身边有许多顾问，他们整天围着总统，替他出谋划策，但从来没人因此说美国总统没权力。从现在开始我们只是你的顾问，今后你的事由你自己拿决策。至于最终做什么决策，那就看你的智慧了。”

从此以后，我们奉行“抓大不抓小”的策略，把责任都下放到了儿子身上，也因此觉得轻松了许多。或许是我们的调整，或许是儿子渐渐过了叛逆高峰期，他在很大程度上改变了那种“反其道而行之”的行为。他也许意识到自己的权力越大、责任也越大，以后任何事都需要为自己的决定负责。

进入高三的第一学期，我们发现儿子又悄悄准备起奥数。不知道他为什么回心转意，但吸取了以前的教训，我不再参与此事，免得又打扰他的心情。从他在准备奥数上所花的时间不难看出，他十分用心，毕竟入围奥数一直是他的一个目标。

实际上，他从小就挺喜欢数学。他上小学时，每当我给他讲解新的数学概念，他总抱着浓厚的兴趣听讲。有时刚领会了一个新技巧和其中的道理，他就会露出一个习惯性的神态：睁大眼睛，露出会心的喜悦，情不自禁地感叹一声“噢!”每隔一段时间我就提醒他得继续学，如果间隔太长，容易前学后忘，造成知识碎片化而感悟不到概念之间的联系，这样就不利于维持对数学的兴趣。

看他这次自动备战奥数，我觉得多年的数学熏陶毕竟起了些作用。再说，这也是他申请大学前的最后一次入围机会，他可能不愿轻易放弃曾有的一个梦想。

选拔赛开始的前五天，我接到学校护士打来的一个电话：儿子在学校病倒了。我马上赶到学校，看到他已经躺在学校的医务室，脸色憔悴，连呼吸都有困难。在医院急诊室，医生诊断他有肺炎，需在家休养至少一星期。

卧床数天后，儿子病情才稍有好转。奥数选拔赛的前一晚，他突然告诉我们他明天要去参加奥数入围赛。我和妻子当时都懵了，好言相劝了多次也无济于事，他没有任何回心转意的迹象。我们意识到这次是拧不过他了，如果执意阻止他，无疑会引发争执，这更无助于他的康复。挡其道不如顺其行，再说我们也不愿他以后怪罪我们让他与入围奥数失之交臂……我们就这么说服了自己。

考试那天，他妈妈送他去了考场。监考的数学老师看到儿子面客憔悴的样子，惋惜地对他妈妈说：“真不巧啊，恺昇偏偏这个时候生大病，他看上去还是挺虚弱的。”老师说得一点也不夸张，可儿子却不以为然，觉得自己比前些日子强多了，能应付得了这场考试。

考试结束后，他轻轻叹了口气：“有两题应该会做的，但……”他还在纳闷自己的脑子怎么就不好使了。就这样，他断断续续备战奥数近两年，可高三的闯关还是以失利告终，无缘入围美国奥数选拔赛。为避免影响他的情绪，我与妻子都有意避而不谈，像什么都没发生，都觉得这件事就此翻篇了。

46. 无心插柳柳成荫

12 年级的最后一学期是儿子在高中最轻松的几个月。二月份的一个晚上，他突然通知我们，他明天想去参加奥数的入围资格考试，让我们放学后晚几小时去接他。

我一面觉得他挺搞笑，一面回忆起他去年患病还执意去奥数入围考试的那个情景。那次失利以后，他也一直忙着做其他事，我们也没再提起过奥数这件事。

我开玩笑说：“是去凑热闹的吧，这一年可没见你做过奥数题呀。”儿子耸耸肩，懒得搭理我。这并不奇怪，儿子总喜欢这类集体活动，去那儿可会会同学，也算凑个热闹。

可谓踏破铁鞋无觅处，得来全不费功夫。两个多月后，我们得知儿子居然入围了奥数。惊讶之余，我和妻子都高兴地祝贺他终于如愿以偿了。可他那时却神情坦然，一副满不在乎的样子。我追问他到底是怎么回事，他轻描淡写地解释说：“去年也许太有压力了，这次压力少了反而发挥得好。”

他的这段经历与人们的研究结果是一致的：压力是一把双刃剑。在处理重要事情的时候，管控好压力是提高效益的一大关键。当压力袭来时，大脑皮层会大量释放某些激素，使身体做好处理危机的准备。而压力过了某个临界点后，大脑就无法正常工作了，会导致记忆力减退和注意力不能集中等现象。适度的紧张可以提高大脑的敏捷度和记忆力，有助于考生发挥潜能；而过度的焦虑则会分散注意力和给人体造成伤害，使考生不能发挥出自己应有的水平。人需要努力，也需要保持一颗平常心，过度担忧只会起反作用。我很欣赏这句话：你只负责努力，把结果交给上帝。

第十章

做研霸一波三折的起步

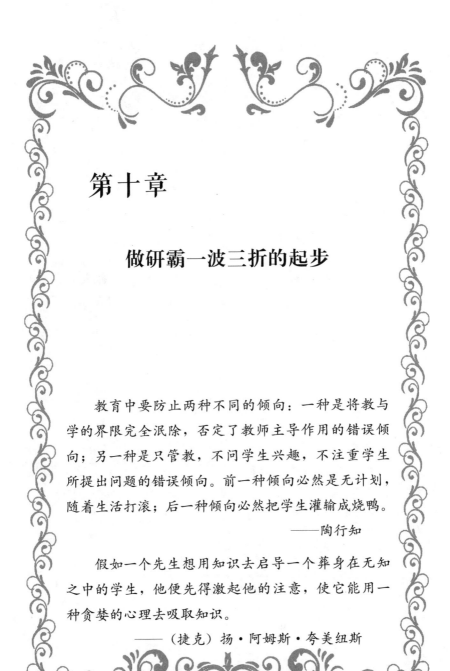

教育中要防止两种不同的倾向：一种是将教与学的界限完全泯除，否定了教师主导作用的错误倾向；另一种是只管教，不问学生兴趣，不注重学生所提出问题的错误倾向。前一种倾向必然是无计划，随着生活打滚；后一种倾向必然把学生灌输成烧鸭。

——陶行知

假如一个先生想用知识去启导一个葬身在无知之中的学生，他便先得激起他的注意，使它能用一种贪婪的心理去吸取知识。

——（捷克）扬·阿姆斯·夸美纽斯

47. 攻克 AP 课程的难关

美国高中的课程设置分三六九等，体现了因材施教的理念。美国高中虽然没有提高班，但设立了高配课程（Advanced Placement，简称 AP）。AP 是给高中生进大学前预备的一系列“提高”课程，其内容与大学基础课相同。如果 AP 课仍不能满足需求，有条件的学生还可以直接选修大学高年级的课程。

选修 AP 课既要突出学生的兴趣倾向，又要有适度的文理搭配，更要量力而行。与普通课程相比，AP 课程难度更高，作业量更大。而耗时最多的是那些长周期作业，如完成某个动手的项目或写长篇小说的读后感等。AP 课选多了，经常熬夜就难免了，所以要按自己的能力去做，不可片面追求 AP 课程的数量。

目前，美国大学理事会提供和考核 38 门 AP 课程。AP 有全球的统一测试，所以 AP 成绩比学校的成绩（GPA）更有可比性。选择 AP 课程也可为学生申请外国高校做准备，目前有 60 多个国家，近 4000 所大学承认美国 AP 课的学分，并将其纳入大学的录取审核范围。除此之外，AP 课还有其他特点：采用 5 分制，好的 AP 成绩能提升高中 GPA；可通过自学直接参加考试；3 分（及格）以上的 AP 成绩可在普通高校顶替大学学分，而 4 分（良）或 5 分（优）能顶替名校的学分。

在 AP 课中，很值得一提的是美国历史（简称 APUSH），对多数高中生来说 APUSH 是最花时间或最难的课程。有一次，在交作业的前一晚，儿子有几篇文章要读完，接着还有几页读书心得要完成。凌晨 4 点左右，我想知道他到底睡了没有。但没等走近，我就看见他卧室的门开着，不用去看就知道他还没睡。我接着下楼到他书房前，只见房门关着，从门缝一眼能看出里面是灯火通明的……那天晚上，他把自己推入了超负荷的运转状态。美国历史 AP 课的阅读和写作量大是众所周知的。为完成作业而通宵达旦虽不是常态，也不是稀罕的事，很多美国高中生有类似的熬夜经历。

儿子的学习能力还算强，高中学业基本不用我们操心，但也有例外。在他选择的 16 门 AP 课程中，只要一提起西班牙语，他的自我感觉就明显差了很多。尽管他没有阅读和语法上的困难，但听力总不尽人意，而口语则更糟糕。他认识到，自己的学习方法出了问题。

凭着以前学外语的体会，他妈妈给他指出了问题的症结：学外语不能单靠背单词、学语法和做试题，想学好外语是不能脱离语境的。她为此在网上找了一集特为学西班牙语而制作的连续剧，建议他尝试一下，看看能不能给自己创造进入语境的环境。

这是一部侦探片，情节丰富悬念百出，每个小结局都有出乎意料的情节，让儿子看得停不下来，总是一连看完几集才肯罢手。他妈妈不得不规劝他要慢慢来，得细水长流，提醒他只有长久坚持才会有效果。这一招果然管用，久而久之，他的听力有了质的提升。

解决了听力问题，还有一个老大难有待克服——开口难。学开口的最好方法是：坚持每隔几天找讲西班牙语的人对话。但这不方便也不切实际。无奈之下，他妈妈又替他找了练习西班牙语对话的光盘，让他自己去练开口。

能靠自己总是最方便的，但需要很强的意愿。儿子没有其他更好的方法，就半信半疑地去试了试。每节练习的开始，光盘会先讲一段故事，然后向学生提问有关故事的内容，要求学生在规定时间内开口回答。最后，光盘说出正确的答案，让学生将此答案与自己的口答比较，再找出自己需要改进的地方。

由于答案与故事的具体情节紧密相连和环环相扣，比较两个答案还是靠谱的。试了几次，儿子觉得这个方法也许真管用，就经常关起门来练习。一个多学期后，儿子慢慢有了用西班牙语进行对话的自信，基本上消除了以前的心理障碍。

西班牙语在美国有用武之地，特别是在德州和加州墨西哥人开的店里用得上。每当去那些地方，儿子就成了我们的翻译。尽管外语仍然是他最弱的一门课，但他没有了以前望而生畏的感觉，至少觉得自己还能驾驭。

AP 课程中有 8 门是非文科的课程，它们包括微积分 BC、物理 C 力学、物理 C 电磁学、化学、生物学、计算机科学、统计学和环境学。为鼓励高中生加强理科学习，美国给各州的前两名（男女生各一名）颁发 AP 州奖，而全美前两名（男女生各一名）可获得 AP 全国奖。根据 AP 课程的总成绩，儿子获得了 2012 年度的 AP 州奖。

AP 课程给了高校考察高中生的另一个角度，也给了高中生与大学“无缝对接”的机会。但学生应该根据自身情况制订 AP 课程的计划，要量力而行，避免浪费时间和精力而得不偿失。而对 AP 课程和成绩，美国各高校有自己的特殊要求，它们没有统一的选用政策。例如，有的学校只承认微积分 BC，而不承认微积分 AB。学生可以通过美国大学理事会的官网（www. collegeboard. org），查看学校对 AP 课程的具体要求。

48. 参加美国 SAT 考试

考试从来就不是选拔人才的最佳方法，却常常又是一个不得不为之举。薄薄的几页考卷，就能给百万人统一打分排队，也因此带来了许多众所周知的弊病。但由于考试特有的廉价性和公平性，人类社会可能永远也摆脱不了考试。因此，考试自然就成了教育中“必要的魔鬼（necessary evil)”。既然躲不了，学生就得去有效应付。

到了高二，学校开始组织第一次 PSAT 考试，就此拉开了高中生准备 SAT 高考的序幕。PSAT 是 SAT 的模拟测试，它们的试题出自于同一个题库。不同的是，PSAT 的试题量少了些，也没有写短文的要求。

模拟测试一结束，儿子就在 SAT 官网注册了账号。从此，他每天收到该网发送的“每日一题”电邮。如同每天练琴比每星期集中练一次会更有效，SAT 试题也应该常常做。每日一题看起来微不足道，每天只需花十几秒钟去完成，日积月累后就有了事半功倍的效果。

经过一年断断续续的练习，儿子的 SAT 自测分数基本上能稳定在 2 340 左右（满分 2 400)。除了在周末背些 SAT 单词以外，他主要依赖学校的英语和历史 AP 课准备 SAT。那些课程的阅读量大面广，涉及经典小说、知名杂志中的文章及科技文献等。除此之外，老师经常布置短文写作，儿子的写作能力也因此有了长足的进步。

高三那一年，美国举行了全美统一的 SAT 模拟考试，所有参试高中生都被纳入“美国优秀学生奖学金（National Merit Scholarship）”的选拔赛。代表 50 个州前 1%的 15 000 名学生入围了该赛的半决赛，再考察学生的短文、课外活动、曾获奖项及领导才能等因素。进行第二轮筛选，包括儿子在内，最后有 8 000 名学生获了此奖。

高三暑假一到，我们就叮嘱儿子去考 SAT，怕再拖就太晚了。他到官网上查了查，果然只剩下最后两次考试的机会，就赶紧报了名。他也想给自己留条后路，万一考砸了还能再考一次。考完后，他自我感觉还不错。三周后，官网公布了成绩：他错了 3 道阅读题，拿了 2 360 分。我对此挺满意的，却不知儿子那时在暗暗较劲，他仍有些不甘心。

除了普通的 SAT 考试，美国高考还有自愿参加的 SAT 专科考试。许多大学要求几门专科成绩，如儿子想申请的三所大学（斯坦福大学、哈佛大学、麻省理工学院）都要求或建议考两门 SAT 专科。专科的科目有数理化生、历史、文学和外语等。理科的专科主要测试学生的知识广度而不是深度，只要能理解概念和会套公式就应该不成问题。儿子最后选择了数学 2、化学和物理这三门专科考试，轻松地拿了满分。

当然，美国高考近期经历过一次大的改革。自 2016 年起，新版的 SAT 在结构和内容上做了重大改变，去除了以前试卷的几大弊病。在结构上，新版选择题改为四选一，选错不扣分，总分变为 1 600 分。而在内容上，它不再考生僻词汇。语言题与高中英语课靠拢，不但阅读量大，还要求学生有批判性思维和论证的能力；数学题增加了纯文字题，读题难度明显增大，更强调解决实际问题的能力；作文题也与高中的写作要求接轨，在快速阅读和正确理解一篇文章后，要求学生围绕该原文撰写清晰的分析短文，消除了旧版 SAT 中能投机取巧的弊病。可见，新的 SAT 对中国内地学生是个不小的挑战。

49. 何必争当考霸

“只有站得高，才能看得远”是人们常说的一句俗话。它的意思浅显，内涵丰富，但还不够全面。在实际操作中，往往是先要“想得远”，才会去“站得高”；到了一定高度，才可“看得远”；看得远了，才能朝找到的方向“走得远”。

有个笑话说，三个工人在砌一堵墙。有人过来问：“你们在干什么?”第一个人没好气地说：“没看见吗？砌墙。”第二个人抬头笑了笑说：“我们在盖一幢高楼。”第三个人笑容灿烂，边干边哼着曲：“我们在建一座新城。”几十年后，第一个人在一个新城工地上砌墙，第二个人成了新城的建筑工程师，而第三个人做了那座新城的市长。虽是笑话，也说明一个道理：决定人生的不是起跑线，也不是看谁跑得有多早或多快，而是看想往哪里跑。

人生的道路虽然慢长，但紧要关头往往只有几个。特别是年轻的时候，如果在人生岔口走错了一步，就足以影响人生的一段时期，也可能影响人的一生。

眼看高三快结束了，儿子必须开始申请大学了，但我与妻子都不认为高中就该止于升学，觉得他还可以去做些更有意义的事。一天，儿子的心情特好，妻子试探着问儿子：“想不想用剩下的一年去做点新鲜事?”看到儿子并不反感，我们就趁机与他聊了起来。儿子觉得如果有机会做科研，这的确是个不错的经历。我赶紧说："是啊，又没有压力，觉得有意思就多试试，否则也可以不做的。"

SAT 高考分数出来后，我本以为儿子能轻松些，却没想到他反而变得心事重重。儿子在学校听人说不少美国高中生拿了 SAT 满分（2 400 分），但他们中也只有 40%被名校录取。儿子开始担心起自己的考分，对是否能入读心仪大学没了把握。他分析了自己失分的那三道阅读题后，估算着如果可用剩下的两个多月去重点攻阅读部分，重考一次应该再能提高阅读部分的成绩。运气好的话，也许也能拿个满分。

看他真想再考 SAT，我就建议他先听听我的想法。首先大学招生人员知道 SAT 的评估能力有限，2 400 分与 2 360 分实际上是旗鼓相当的，在他们眼里没什么区别。从另一个角度去看，这也证明了 SAT 满分并没许多人想的那么重要。我对儿子说："不是吗，事实就是大多数拿满分的学生并没被名校录取。"听到这里，儿子觉得也有道理。

"还有一个更重要的原因，"我提醒他，"重考的机会成本太高了。"重新再考就得花时间去准备，否则考了也不太可能提高分数，这就意味没时间去做更有意义的事，如尝试感兴趣的研究课题，不能捡了芝麻丢了西瓜。我最后补充说："当然，最后还是你自己拿主意的。"

当然，没人喜欢考试，儿子只是担心自己的考分会拖后腿。不过他最终还是想通了，打消了再考的念头，为以后尝试研究腾出了宝贵的时间。

50. 做研霸一波三折的起步

创新涉及的范围有大有小，层次有浅有深。除了产品开发和学术研究，创新也可以是寻找更高效的操作流程，或者推出新的策略。美国每年不惜耗资 4 000 多亿美元用于各种研究，来支撑其超级大国的地位。创新是无止境的，如 3D 打印机、可穿戴智能产品、会拐弯的子弹、高能激光炮、人工智能等，它们似一部部接踵而来的好莱坞大片，让人目不暇接。

对一个国家来说，想要追赶这种趋势，模仿是一条捷径；但要超越，模仿就不够了。一个大国不能只满足于“用 30 年走完了发达国家 200 年才走完的路”，就像学生不能只满足于“用了 10 多年的时间掌握了人类 5 000 年积累的知识”。中国社会“状元情结”根深蒂固，写出“好文章”、考出“高分”被视为能力的体现。自古以来，这种传统文化把年轻人的思维禁锢于模仿，把他们的创意遏制在萌芽状态。

就连儿子过去热衷的一系列奥林匹克竞赛，它们也都是模仿而已。这些竞赛与考试有一个共同点：学生知道这道题可以做、有答案。本质上说，这些都是成人给学生“下的套”，是提高孩子学习兴趣的手段。这是让学生重复别人过去已经做过的事，是做一种“挖别人给你埋下的宝”的游戏，但这与“自己动手探宝”有本质区别。参加那类传统竞赛有其积极的意义，但学到一定程度，它们就完成了其使命。

在西方，有动手能力或有新意是社会崇尚的个人素质。美国有一个叫泰勒・威尔逊（Taylor Wilson）的男孩，在别的孩子玩游戏的时候，他却对放射性元素感兴趣，逐渐掌握了化学、等离子物理、辐射计算量等多个领域的知识。在家人资助和帮助下，他克服重重困难，在自家车库里制造了一台小型核聚变反应堆、一个核放射探测仪，因而获得了英特尔国际科学与工程大赛的大奖。

美国人的许多发明创造就是在这种“兴趣文化”中孵育而生的。许多人动手能力很强，家里的车库就是他们的实验室，里面有形形色色的仪器设备，用来尝试改进或发明。他们这么做的功利性不强，只是觉得有趣好玩，把它们当作自己的嗜好（Hobby）。一个社会要学西方的创新，不能只效仿其形式，而不悟其神韵。如果没有兴趣文化的支撑，那么万众创新就只能停留在赚钱和模仿国外已有创意的层面上。

在寻找各种机会中，儿子首先想到的是参加 RSI 和 Simons 这两个独特的夏令营。这两个夏令营是研究性质的，旨在让高中生体验科研的全过程。夏令营通过讲座让学生了解各领域的科研前沿，通过阅读大量文献去寻找自己的兴趣课题，再在专家指导下做研究，最后用论文总结成果。

很多美国高中生盯上了这类稀缺的资源，但因为粥少僧多，其竞争的激烈程度是可想而知的。不过，儿子还是想碰碰运气，就去申请了这两个夏令营。儿子不久收到了回复：一个没录取，而另一个虽录取了，但导师名单中怎么也找不到计算机方面的老师。儿子心有不甘，一直犹豫着，最后还是放弃了。

此时，高中化学老师希望能助儿子一臂之力，想推荐他去参加一个研究化学的项目。这也是个蛮不错的机会，可他考虑了好几天，还是提不起兴致，总觉得化学不是他的兴趣和特长。他不想为做研究而研究，最终还是婉言谢绝了老师的好意。

几星期下来，儿子一直处于出师不利的处境。不过我觉得儿子的决定没有错，这种事是得考虑自己的兴趣和能力，否则做了也不快活。我们只能鼓励儿子不要气馁，或许会有其他转机。

无奈之余，儿子注意力投向了我们周围的资源。是啊，为何舍近求远呢？毕竟我们的城市名称就叫“College Station（大学站）”，一个名副其实的大学城。得克萨斯A&M大学是一所四年制研究型高校，也是德州的两大旗舰公立大学之一。该校规模为全美第四，也是老布什总统图书博物馆的所在地。

怀着试试的心态，儿子开始浏览大学的计算机系网站，逐一了解教授们的研究领域。他最后挑选了其中他最感兴趣的三个研究领域，先给一位教授发了电函。在信中，儿子简短介绍了自己的背景，表明了自己的意图，再询问是否有机会参与他们的研究项目。

那位教授马上给了回复，说很想给他机会，可惜自己正准备去欧洲做研究，所以肯定就安排不了了。儿子接着给第二位教授发了函，但等了一个多星期还是杳无音信。

“Good things take time（好事多磨）”，我也只能这么去安慰儿子。尽管心情低落了几天，儿子还是鼓足了勇气给第三位教授去了信。也许是事不过三吧，没想到第二天教授就给了回复。

那位就是南希·阿马托（Nancy Amato）教授、儿子的恩师。阿马托一身多职，她是计算机系的教授、研究员、研究室的主任和多个学术刊物的编委，她也是国际电气与电子工程师协会的院士。她热衷于教学，曾被学生协会授予杰出的成就奖。

阿马托教授对儿子的申请很重视，在回信中邀请他到她的Parasol研究室看一看。作为该研究室主任，阿马托教授带领着一群研究生和博士生，在机器人技术、计算机优化算法和计算神经科学等诸多领域开展研究工作。

51. 幸运地加入大学研究团队

第一次与儿子见面时，阿马托教授笑着称自己从未带过高中生，完全没有这方面的经验，便吩咐她的学生乔瑞・丹尼（Jory Denny）帮她一起带。乔瑞是第一年的博士生，也是阿马托教授的得意门生。

乔瑞不但很聪明，而且非常热情。他马上帮儿子建立起进入他们研究室系统的计算机账号和档案，然后领着他参观研究室，给他介绍大家研究的课题、使用的程序模块和数据库。在师兄的帮助下，儿子很快熟悉了研究室的工作环境。

那时正值高三的暑假，儿子每天去研究室工作 8 个多小时。他从寻找程序的漏洞开始，到打补丁修复，再改写和完善程序。阿马托教授看他做得挺不错，就让他给程序模块添加新的功能。儿子像入了魔似的，回家后也停不下来，一有空闲就继续干。看得出他喜欢编程，也珍惜这个来之不易的机会。

一个多星期后，阿马托教授找儿子谈话，随后笑着问："Would you like to get paid?（想领工资吗?）"在教授那里学习还能倒过来拿报酬？这让他有点不知所措。但看到教授没在开玩笑，他便高兴地道了声：“Sure，thanks!”没多久，大学人事部就催儿子去办理入职手续，给了一叠入职表格让他回家填写。儿子问我其中一栏关于家庭的问题该怎么填，我边告诉他该填什么，边拍拍他的肩膀说：“想不到你现在是大学的研究员了。”

Parasol 研究室分许多小组，每个小组在机房墙上挂贴着各种大大小小的研究示意图。图中有研究的问题、解决的设想、算法流程和初步的成果等。休息之余，儿子就喜欢在研究室到处转，通过观察和交流了解大家在干些什么。与此同时，儿子开始阅读大量有关文献，看人们在那些研究前沿在做什么。他很快意识到，自己最感兴趣的是“机器人路径规划”课题，也就是人们常听说的计算机导航技术。

计算机导航的主要目标是设计出高效的计算机算法，使机器人在充满障碍的环境中，以最快的速度找出一条“从起点到终点、绕过所有障碍物”的安全通道。它是许多研究领域的关键课题，在无人机、无人汽车、无人潜艇、计算机动画、蛋白质和基因分子运动等领域有着广泛的应用。儿子觉得这个课题合自己的口味，就决定将它作为研究领域。

创新与模仿、填补空白是不同的。对于创新，人们一开始不知道该开发或研究什么，即使找到了研究方向，也不知道是否会有解决方案，是否值得在上面花费时间。这好比是自己去挖宝，不知道是否有宝、哪里有宝，很可能挖了半天什么都没发现。因为创新不容易，所以学生时期的研究重在学习和尝试。结果有大有小，价值有重有轻，但其经历是最宝贵的。

现在摆在儿子面前的最大问题是，是否存在比已知的计算机算法更高效的算法呢？如果有，怎样去寻找？儿子开始集中精力阅读更多文献，比以前更专注，也更怀着质疑的态度去审视他人发表的论文。

此时已是七月中旬，儿子在研究室已工作了一个半月，他此时还想着另一件事：前往向往已久的斯坦福大学数学夏令营（SUMaC）。这是儿子的第一次也将是最后一次机会参加该夏令营，他不想轻易放弃。为此，儿子鼓足了勇气，去跟阿马托教授请假。那天回到家，他兴奋地说："她同意了！"

这是一个儿子盼望已久的夏令营，他在 SUMaC 度过了难忘的一个月。在从机场接他回家的路上，他突然对我说，他的研究"可能有了突破"。我当时觉得自己一定听错了。原来，在夏令营的那些天，他平时有空闲时候，会经常去想想他的研究课题。他说："一天，就突然有了灵感。不过……"他还是很谨慎，说："还需要花些时间，等验证了后才知道是否真的可行。"

我本来以为儿子在夏令营可以轻松一下，调剂一下生活节奏，没想到他还是忘不了研究课题。不过这也不奇怪，儿子以前一有空就喜欢练习编程和学习算法。有时为了解一道难题，他会冥思苦想到废寝忘食。他曾感慨地说："编程有点像游戏，但比游戏更有意思。"我笑着问为什么，他解释说："玩游戏要遵循规则，而编程时常常可以随心所欲。"我明白他的意思。没错，在编程这个虚拟世界里，最大障碍是自己的想象力。

时间过得很快，转眼 12 年级就开始了。开学后，儿子不能再像在暑假那样整天泡在研究室里。那学期，他注册了一门大学数学课，每周两堂课，每堂课两小时。而在不上数学课的那几天，他正好有近三小时自由支配的时间。他利用那些空档，继续到研究室工作。我们中午去接送他的时候，先买好快餐，他只能在路上凑合着吃午餐。

不出儿子所料，经过几个星期的编程和初步测试，他的导师阿马托教授和师兄乔瑞都认为他的新思路也许可行，或许还是一个非常高效的新算法。他们对他提出了各种有挑战性的问题，希望他更严谨地检验自己的算法，并对不同复杂环境进行测试，再与他人发表的相关文献进行对比，用数据去证实算法的高效性。

第十一章

摘得“美国西门子科学奖”大赛桂冠

精神的浩瀚，想象的活跃，心灵的勤奋，就是天才。

——（法国）德尼·狄德罗

教之而不受，虽强告之无益。譬之以水投石，必不纳也，今夫石田虽水润沃，其干可立待者，以其不纳故也。

——张　载

52. 瞄准“美国西门子科学奖”

因为觉得儿子还有些潜力，他妈妈就建议说：“既然论文初稿已完成了，何不把它拿去参加高中生的科研比赛?”儿子听了却不怎么感兴趣。他参加过太多比赛，对此没了新鲜感，加上自己还可能有其他新的主意，就想再继续往下做。我赶紧说：“以前的竞赛是做题考试，这是把你研究的东西拿出去交流，真的是两回事。”

“参赛后再继续研究也不迟呀，这样的比赛你过去可没经历过，是最后一次机会了。”他妈妈觉得还没说透，又继续开导，“这个比赛与过去的不同，能有机会了解别的学生在做什么研究，能结交更多志同道合的学生，反正我和你爸爸都觉得这挺有意思。”她最后没忘补上一句：“去不去还是由你的。”

第二天儿子想通了，向阿马托教授和乔瑞说了想参加西门子科研竞赛的打算。不出我们所料，他们都支持他去参赛。

西门子科学奖大赛的全称是“西门子数学、科学与技术竞赛（Siemens Competition in Math，Science & Technology)”，它是美国最悠久和著名的两大高中生科技创新大赛之一。西门子科学奖大赛由西门子基金会和美国大学理事会联合举办，旨在激励美国高中生投入数学和科研工作，每年提供超过 700 万美元支持科学领域的教育和发展。

这次大赛有近 1 500 个研究项目申请参加，奖项包括个人奖和团体奖。西门子科学奖大赛先进行区域决赛，再举行全美总决赛。该赛将美国分成六大区域，每个区域通过半决赛产生5名个人和5个团体晋级到区域决赛。每个区域决赛再决出一名个人和一个团体入围全美的总决赛。

此时离报名截止日只有一个多月的时间，我们都意识到时间有点仓促。在这一个月中，儿子加班加点，对论文初稿进行多次补充和完善。期间，阿马托教授和乔瑞也对他的稿件提出了许多宝贵的建议。

就在报名截止日前两天，儿子打印出包括论文在内的所有的申请材料。他如释重负，松了口气："只要明天寄特快，西门子就可以在截止日的前一天收到。"他妈妈看到他手中的那叠材料，总觉得不怎么放心，就下意识地拿起看了看。

"恺昇！"他妈妈在叫他，声音带着一丝疑惑和一种紧迫感。

"怎么啦？"他无精打采地应付着。

"你怎么能把论文打印在纸的正反两面哪？"

"我习惯双面打印，不想浪费纸张！"他有点不耐烦了。

"但……明文规定一定要单面打印的呀。"

"我可没看到过这规定！"他皱着眉摇着头。

"你自己看哪……难道不是吗？"他妈妈指着竞赛的官方网页。

他这才走到他妈跟前一瞧，"哦……"扭头回了书房重新打印。

"恺昇！"

"又怎么啦？"

"你怎么忘了写一份论文总结啊？"

"我写啦！就是那篇论文的摘要嘛，正在打印呢！"

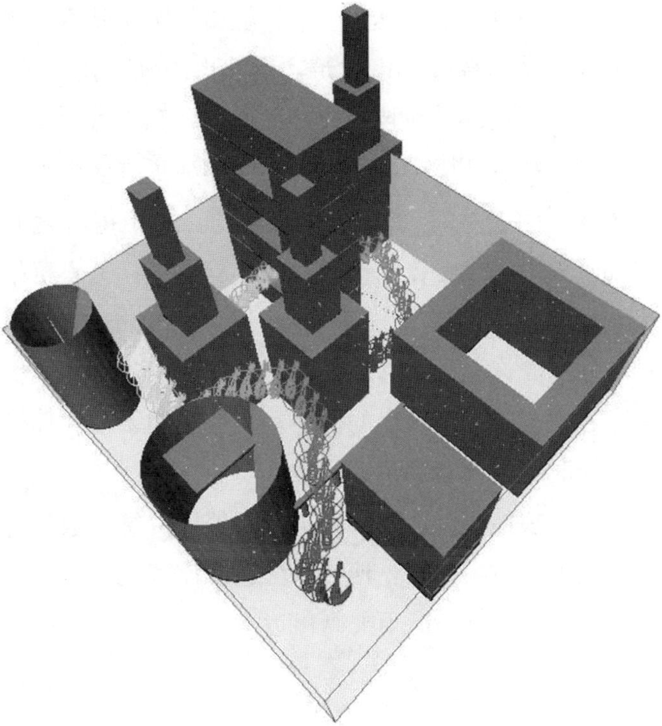

无人机导航轨迹图

“你缺了一份论文的‘总结’，你打印的只是‘摘要’，是两码事呀。”

“啊?”他越听越糊涂，但这次没摇头，又回到他妈妈跟前。

他定神一看，果然没错。规定中写着：论文的总结不是论文的摘要。原来，竞赛规定总结是为了以后向媒体发布新闻而准备的，所以必须用非专业的通俗语言来说明研究项目的重要性，不能简单重复论文摘要的内容。“嗨……”他又摇了摇头，感叹自己以前怎么就没看清楚呢。

申请材料总算齐了，其中一个导航模拟测试特有意思：一架微型无人机试图绕过都市建筑，到达市内某一指定的角落。这个测试显示了他的导航技术能够处理复杂和不可预测状况的能力。在这个特定环境中，建筑物周围铺满了许多电缆（电缆太细无法在图中显示）。由于有电缆挡道，加上电缆之间的空隙又太小，无人机确定自己不能直接穿越电缆。无人机根据导航算法，自主避开了那些电缆，从左边绕过建筑物迂回飞行。由于导航规则允许无人机穿越任何无障碍的空间，无人机又自主决定穿过大楼中两扇开启的窗户，巧妙利用了窗户提供的通道，在最短时间内顺利到达目的地。

通过大量模拟测试，他得到了让人信服的统计数据。数据表明，在绝大多数情况下，他的算法速度比其他已知算法快两到四倍，在一些特定情况下要高出近十倍。

53. 决赛前的准备

根据比赛程序，主办方将在不到二十天的时间内，审阅完一千五百多篇论文。为了完成这个庞大的任务，西门子科学奖组委会在区域半决赛期间聘请了许多专家和学者，请他们协助评审学生提交的研究论文。为了能尽快将论文分类、分配给各领域的专家学者去审阅，西门子科学奖组委会要求学生在申请材料中明确注明自己的研究领域。除了要求学生独立完成研究工作之外，西门子科学奖组委会还特别提醒学生，除非能提供足够的依据，慎用类似于“前所未有的发现”“迄今最好的研究”等来评价自己的研究。

在区域半决赛阶段，评委仅对研究项目的价值和论文的质量进行初评。为了秉持评审的公正性，比赛采用类似“双盲检测”的程序：参赛者和评委都不知道对方是谁。为此，比赛规定学生在论文中不得注明自己姓名，也不能提及学生的性别、学校、年龄、导师、附属研究机构等任何个人信息。据了解，论文上只有一个代号，评审员和学生都不知道哪个代号代表哪个学生。

2012年10月19日，终于迎来了区域决赛名单公布的日子。在送儿子上学的路上，他妈妈为了他能安心上课，就嘱咐他不必操心比赛结果，她会替他去官方网站查阅，一旦有消息会发短信给他。

西门子科学奖组委会定于下午一点公布入围区域决赛的结果，但根据以往的惯例，组织方往往会提前几小时发布消息。那天上午，有些参赛学生显得急不可耐，在网站论坛上不断发帖询问，“怎么还没消息”或“到底什么时候公布”等。对每位参赛的学生，这是特别揪心的时刻。接近中午的时候，他妈妈每隔一段时间替他查看竞赛官网，也在纳闷怎么还没有发信息。

突然，她收到一个通知，但不是她能预料得到的消息。上午11时34分，德州A&M大学发出的校园紧急疏散的通知。官方的通告很简短：“接到校园有炸弹威胁的信息。马上步行撤离校园，不要驾驶车辆。”

我们居住的大学城向来很安全，过去只是在电视上看到美国校园有暴力的报道，听了都有些麻木了。但一旦发生在自己身边，大家都觉得不可思议。不少人不顾通告中“步行撤离”

的要求，急着开车撤离，导致城市的几条交通主道堵塞瘫痪。由于没有具体信息，人们不知道到底发生了什么，校园秩序变得极其混乱。那天有近5万人同时撤离校园，大学也关闭了近5个小时。

此时，儿子正在高中上课。他突然意识到手机在震动。打开一看，是妈妈发来的短信："大学紧急疏散。我无事，但暂时没时间查比赛的消息。"他坐不住了，马上从书包抽出笔记本电脑，急忙打开网页。他的举动引起了周围同学们的注意，大家向他投去好奇的目光，不知他究竟想干啥。

"哇!"教室里猛然传出一惊叹声。他抬起头左顾右盼，看到老师和同学的目光都聚焦在他自己身上，才意识到自己刚才看得出神，不禁喊了出来，觉得挺过意不去的。原来，他看到自己榜上有名，晋级到了区域决赛。没过几天，《今日美国》报纸用了一个整版公布了区域赛的全部结果。至于那次校园疏散的事件，幸好是一场虚惊，警方抓到了发布炸弹威胁假信息的嫌疑人。

几星期后，儿子收到组委会寄来的邮包，邮包内有个印有西门子科学奖徽章的背包。背包看上去鼓鼓的，打开后发现每个口袋和夹层都藏了点什么，如竞赛别针、区域赛得奖证书、亚马逊礼卡、T恤衫之类的东西。延续一贯的传统，背包中放着一件特别的礼物。那是一份2012年10月25日出版的《今日美国》报纸，其中列出了参加美国西门子科学奖区域半决赛和入围区域决赛的名单。

此时离区域决赛只有10天，参赛的准备工作就紧锣密鼓地开始了。儿子需要制作3张图文并茂的海报，用来展示和讲解研究的目的、方法和成果。但更重要的材料是12分钟的口头陈述。面对10位教授和学者组成的评委，他要简明扼要地讲解自己为什么要研究该项目，用了什么方法、取得了什么成果等。其中，最难准备的是应对评委的提问。评委可以问任何与该研究及该领域有关的问题，因此能否过这一关取决于学生了解相关领域的深度与广度，这是很难在短时间内去准备的。

离比赛还剩下几天，他需要更多时间去准备，否则就无法完成包括参赛海报在内的所有材料。他那时想到了一个万不得已的主意：那学期他选修了AP绘画课，他决定利用那堂课的时间。

绘画课开始后，儿子没像以前那样取出画纸和画笔，却拿出了笔记本电脑，开始制作竞赛用的学术海报。他的举止很快被老师和其他同学察觉到了。绘画课老师与儿子的关系不错，对儿子的处境既感到同情，但又不能明显偏袒。老师就告诉儿子不算他旷课，但他这堂课只能得零分。就这样，他利用这堂绘画课完成了比赛用的海报。儿子觉得这是个特殊情况，这堂课得个零分很值。

比赛海报做好了，但比赛的口头陈述材料还没完成。此时，儿子又想去利用大学的数学课。他那几天不像以前那样，一到大学就冲着数学楼去上课，而是直奔计算机研究室去准备他的口头陈述材料。

54. 一场模拟答辩赛

临近区域决赛了，阿马托教授在赛前感叹道：“如果评委们真正意识到恺昇在做什么，他应该会赢。”我们自然也希望是如此，但说真的我们没当真，只把这句话当作教授对自己学生的善意和鼓励。

我们以前看得还算远，这次却不及教授看得那么远了。参赛的前一天，阿马托教授觉得这是恺昇第一次尝试科研工作，才初次写论文，更谈不上有答辩经验了。“会不会到了答辩现场就蒙了?”想到这里，教授马上给研究室的所有工作人员发了个电子邮件，通知大家马上放下手中的工作，去参加一个特别重要的会议——恺昇的模拟论文答辩。

在答辩会上，等儿子陈述完项目的研究过程和结果，大家便七嘴八舌地向他提问，整个场面俨然像是一场研究生的论文答辩。通过这次模拟答辩，儿子熟悉和适应了答辩时的紧张气氛。

2012 年 11 月 2 日（星期五），西门子科学奖第二区域的决赛在德州首府的德州大学奥斯汀分校拉开了序幕，区域决赛在赛场的一楼会议大厅准时开始。上午 8 点，10 位评委依次入场，入座最前排。比赛从团体项目开始。队长打头阵，然后由其他队员交替陈述，队长最后再做总结。团体项目结束后，个人项目的学生上台陈述。大家都在规定时间内完成演讲，没有选手犯明显的低级错误，大家显然都事先做了充足准备。

每次在团队或个人的陈述完后，选手与 10 位评委马上被领入另一个教室，进行下一个闭门答辩环节。这个环节只允许选手和评委参加，答辩持续 14 分钟。儿子事后惊叹道：“评委们问的问题都很专业!”他庆幸地说：“许多问题平时会碰到或想到。但也有些是过去没想过的问题，我那时就与他们讨论各种可能的解决方案。”看得出，他对自己的表现很满意。

丰盛的晚宴过后，大家被领到一个大厅，进行这次区域决赛的最后一个环节：宣布竞赛的结果。主持活动的女士取出一个信封。她一边有意慢慢打开信封，一边诙谐地说：“我知道这是大家翘首以盼的时刻。”她又故意停顿了一会儿，迎来一阵嬉笑声，随后全场鸦雀无声。当她念到“史恺昇”是区域决赛获奖者的时候，师兄乔瑞高兴地从座椅上跳了起来，马上将此喜讯发给了阿马托教授。

担任评委的 Inderjit Hdillon 博士是得克萨斯大学奥斯汀分校计算机系教授。他在受媒体采访时说，未来的机器人将协助搜寻、救援，甚至太空探索的任务。在充满障碍的环境中，机器人导航是一个复杂的课题。他继续说，史恺昇开发了一款更快、更有效的导航算法，还通过大量实验测试验证了在各种复杂环境下的高效性，完成了令人惊讶的研究工作。他最后评价道：“This work is at the level of a strong and independent graduate student.（这项工作达到了研究生独立娴熟的研究水平。）”

55. 摘得“美国西门子科学奖”大赛桂冠

11 月 30 日（星期五）下午，儿子与我们抵达首都华盛顿的杜勒斯国际机场。这一天，美国 10 个州的 19 位高中生在乔治·华盛顿大学（The George Washington University）汇聚一堂，来参加 2012 年度的西门子科学奖的全国总决赛。在那里，他们将度过他们人生中迄今为止最有意义的 4 天。

正式活动还没开始，主办方的出色工作就已经给我留下了深刻的印象。主办方把一切都安排得井井有条，我们刚下飞机拿好行李，就看见主办方委派的司机和专车在等候着我们，将我们送到下榻的宾馆。到了宾馆，我们的入住、用餐和每天的行程及活动都给安排到了体贴入微的程度。对我来说，以前的出行从来没那么轻松过。

主办方在第一天给选手们安排了丰富的活动还聘请了专业摄影团队，不停地为选手们打灯光摆姿势，然后把那些照片和影视短片放到竞赛的官方网站上去晒。这一天，选手们参加了“西门子科学日”，一个专为小学生们举办的公益活动。主办方希望通过生动有趣的游戏，从小培养学生对科学的兴趣。参赛选手用自己的亲身经历和对科学的热情去感染小学生，算是选手们回馈社会的微薄之力。最后，主办方还组织学生到电子游戏娱乐场去尽兴。大家玩游戏玩得很嗨，好像都忘了这次是为何而来的。

第二天，乔治·华盛顿大学安排了几位研究生与选手的恳谈会。在一个教室，选手们坐在前面几排，家长们坐在最后的一排。研究生们用自己的亲身经历，与大家分享自己的学习和生活。一位研究生说到自己过去上大学前，是多么希望远离父母、渴望追求自由。但读了研究生后，他才体会到自己生活的一切琐事都得自理。经历了许多坎坷之后，他开始意识到父母过去为自己做了那么多，而自己又曾是那么叛逆。他后来越想越感到过意不去和惭愧，开始想家了。

这位研究生说到这里，坐在最后一排的家长不约而同地鼓起了掌。耐人寻味的是，从选手们的表情中可以看出，他们中间大多还蒙在鼓里，不知道家长们究竟为什么在鼓掌。

当然，活动中少不了选手们展示自己的海报。整个下午，主办方邀请了这次竞赛的评委、社会人士和媒体前来参观和采访，整个场面比区域决赛要热闹得多。我在那里遇到一些曾参与西门子区域赛评审的专家，有机会了解到区域赛评审中一些鲜为人知的过程，这是我的最大收获。

晚宴上，主办方给每位选手分发了一个神秘的礼包，嘱咐大家先不能偷看。此时，全场的人都在猜其中藏的究竟是什么。等主持人数过“1—2—3”之后，选手们同时从礼包取出一个黑色的礼盒。他们打开一看，原来是一台亚马逊的“Amazon Kindle Fire（金读之光）”，主持人特意强调说，“这可是高清的!”晚宴结束之前，选手们通过抽签确定了明天正式比赛的顺序。

第三天的一早，大家在乔治·华盛顿大学的马文中心一楼大厅聚集，决赛在 8 点准时开始。等 12 位评委一一入席，首席评委做了简短的发言，选手们随后按昨晚抽签的次序上台，做 12 分钟的陈述。

陈述一结束，选手和评委就离场，进行 12 分钟的闭门答辩，其程序与区域决赛没太大差别。比赛持续到下午 4 点多才结束，此时等待着大家的不是决赛结果，而是主办方为选手们精心准备的盛大的庆祝晚宴。

大赛庆祝晚会（National Gala）在著名的华盛顿特区梅隆礼堂举行。梅隆礼堂有近百年的历史，也是杜鲁门总统 1949 年签署“北大西洋公约”的地方。这是一座雄伟的大理石建筑，风格古典壮观又不乏现代韵味。在梅隆礼堂的衬托下，周围环境显得既严肃又隆重。

这时一辆专车慢慢驶入现场门口，选手们随后缓缓步出车门。当他们踏上专为他们铺设的红地毯并步入礼堂正门的时候，等候他们的是炫目的闪光灯和震耳欲聋的喧叫声。

晚宴在梅隆礼堂的主大厅举行。除了选手和家长之外，许多嘉宾、社会人士和政府官员应邀参加了晚会，美国总统助理兼白宫科技政策办公室主任和美国航空航天局的官员也到场致辞。主办方特意安排选手们坐在大厅的正中席，向他们每人颁发西门子科研决赛活动的参与奖，并告诉他们无论明天宣布的决赛结果如何，他们已经是值得自豪的佼佼者。最后，大厅响起了摇滚乐曲，在摄影组人员的鼓励之下，选手们狂欢的舞姿将晚会的气氛带到了高潮。

晚宴后大家一起随车回了宾馆，儿子那时却全然没有睡意，约了一帮同伴打算玩个通宵。过了午夜，他们觉得饿了，才意识到晚宴中都太兴奋了，大家都没怎么顾得上吃晚餐。他们商量着该到哪里去吃夜宵，后来打听到离宾馆不远处有个麦当劳快餐店。儿子就与其中几位选手去了那家麦当劳，在那里尽情吃了个饱。

到了西门子科学奖决赛的最后一天，也是揭晓竞赛结果的日子。上午九点半，大家又会聚在马文中心的一楼大厅。同前一天不同，这天的人特别多，还有许多媒体前来采访。乔治·华盛顿大学和评委的负责人发表了简短的感言之后，西门子基金会总裁泰勒女士开始宣布比赛的结果。她从第六名开始颁奖，一直没有提到儿子的名字，当泰勒女士念出第一名是我儿子名字的时候，全场响起了热烈的掌声，摄影机和会场的焦点聚集到儿子身上。

走到领奖台上，他按捺不住激动的情绪，这一路走来的确不容易。他尽管有点语无伦次，不过没忘感激他的恩师阿马托教授，没有她给予的机会和指导就没有今天的荣誉。他还特别致谢他的师兄乔瑞给予他宝贵的帮助，德州 A&M 大学

Parasol研究室给他提供的研究资源。他最后感谢西门子基金会、美国大学理事会和乔治·华盛顿大学举办了这次令他终生难忘的赛事。

2012年美国西门子决赛颁奖

担任竞赛评委主席的明尼苏达大学计算机教授沙市·协噶尔（Shashi Shekhar）在接受媒体采访时说，设想要在复杂的环境中到达目的地，有了高效的导航技术，微型机器人就能在很短时间内找出一条狭窄的通行路径。他感叹道：“For a high school student, it is very impressive work. His results are comparable to those of a PhD student beginning their thesis.（对高中生来说，这是一项非常出色的研究工作。他的成果达到了博士生写论文的要求。）”

说来也怪，当儿子与获团体头奖的3位学生在赛后相会时，他们中有人突然意识到一个巧合：他们昨晚午夜都到麦当劳吃了夜宵。从此以后，每当有人问他们竞赛感想时，他们都忍不住说：“我们得了头奖是因为前天晚上都去了麦当劳。”看来麦当劳该来找他们拍广告了。

56. 晋级“英特尔科学人才选拔赛”决赛

2013 年 1 月初，儿子获悉自己晋级了第七十二届英特尔科学人才选拔赛（Intel STS），将在 3 月中旬赴华盛顿参加英特尔的全美决赛。这是一个由美国英特尔公司赞助的全美高中生大赛，常被誉为美国高中生的小“诺贝尔奖”。凡在校注册的美国 12 年级学生均可报名参加，每年有近 1 700 名学生报名参与此赛。在这次入围决赛的 40 名高中生中有 10 位华裔，每年几乎都是这种状况，由此可见，华裔学生在美国的实力。

参赛的申请资料包括个人信息、老师推荐信、高中成绩、高考成绩、研究项目、导师推荐信、问答题和短文等内容。组织方先对参赛选手的申请材料进行初评，然后选出 300 名入围半决赛，最后选出 40 名选手前往首都华盛顿参加决赛。

与西门子决赛相比，英特尔决赛有许多不同之处。首先，西门子决赛历经 4 天，而英特尔决赛则持续一星期。其次，西门子决赛采用“开放”形式，学生由家长或监护人全程陪同。对家长来说，这是一个难得的深度了解赛事全过程的机会。而英特尔决赛采用“封闭”形式，不邀请家长观摩具体赛事。当然，主办方邀请了家长参加赛后的颁奖典礼晚会。从中可以看出英特尔的用意，主办方希望尽量避免选手们在期间受其他因素的干扰，想让选手之间有充足的互动机会。

英特尔决赛与西门子决赛的最大不同是评审内容。西门子决赛专注对学生的研究项目进行评审，而英特尔决赛考察学生的各个方面，其评审过程也因此会增添不少变数。

我们非常庆幸儿子能入围英特尔的决赛，开始商定参加颁奖典礼的事宜。我们在那段时间一直陪儿子参观大学校园、参加西门子大赛和其他活动，还没有消除因频繁出行而积累下来的疲劳。考虑到这个因素，我与妻子决定这次就不去参加颁奖典礼了，反正我们可以在家跟踪媒体发布的消息，也能实时关注这场赛事。

英特尔决赛的日程排得满满的，选手们每天都忙个不停。直至宣布决赛结果的前一个晚上，所有赛事活动才结束，儿子那时才有空往家打了个电话。在与儿子通话中，我最感兴趣的话题是赛场内幕，如评审的过程是怎样的、评委们问了哪些问题等。

英特尔决赛的评审工作由十几位评委负责，每个评委每次提一个问题，选手对每个问题只有几分钟的作答时间；一轮下来若还有剩余的时间，评委再逐个进行下一轮提问。评委面试的重点虽然还是学生的研究课题，但评委可以问及其他内容，涉及的面也很广。

儿子在电话里说，一个评委竟然问了他这么一个问题：“在通电的电子线路中，电子的流动速度大概有多快?”还没等儿子说完，我就按捺不住了，“那不就是你小时候我们一起做的那个模拟示范吗!”

他小时候喜欢一个电子线路的玩具。有一天，我问他是否知道电子在电线中的移动有多快。他觉得很快：难道不是嘛，开关一打开，灯泡就亮了。为了帮助他理解，我给他做了下面一个简单的演示。它看似简单，却蕴含着极其深刻的科学原理。

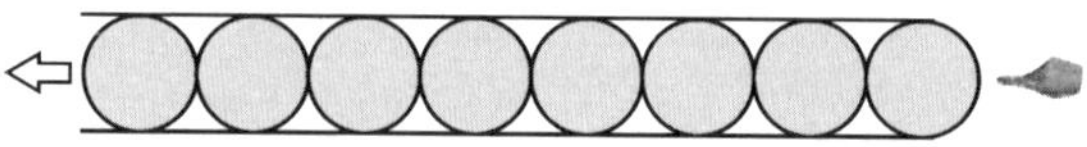

我曾经找了一根透明的塑料长管，把弹珠一个个推入管中，尽量使弹珠一个个紧挨着。然后从长管的一端往里推弹珠，同时观察在长管的另一端发生了什么。

“你看，”我解释说，“你轻轻一推，弹珠就从另一端滚了出来”。“哦，但里面的弹珠几乎没动!”他像是发现了新大陆。

原来，力的本质是物体表面的分子电子排斥力，推力以近似光的速度从塑料管的一端传播到另一端。因为光速极快而塑料管很短，所以推力几乎不要任何时间就能从一端传到另一端。这就是为什么“弹珠滚出塑料管”与“推弹珠”几乎是同时发生的，而塑料管中的弹珠几乎没有移动。同样的道理，开关一打开，电磁波就以近似光的速度在线路中传播，电磁波推着电子移动。所以电子移动与玻璃球移动是很相似的，电子在线路中的移动速度比蜗牛还慢!

前面提到的这些还只是个科普知识问题。在英特尔的评审中，像此类问题并不多见，也体现了评委的高水平。在所有问题中，我认为下面这个问题最有趣，这是一个典型的分析型问题。

一位评委问：“有人做过这么一个实验，如果把猫抱起来，将猫的四脚朝天、背朝下，再放手。在绝大多数情况下，猫的四肢会先着地而避免摔伤。”评委说明了基本情况后问儿子：“你知道答案吗?”儿子疑惑地摇摇头：“我没养过猫，也没见过此事。”

“很好，”评委高兴得继续问，“假定这是个事实，那怎么来分析这个现象呢?”

“嗯，这确实是个有趣的问题……”儿子开始琢磨起来，他随后想到了什么，“这好像违反了物理‘角动量守恒定律’……假定这个现象是真的，那么猫身体的其他部位就必须同时反方向翻转才行。”

“你马上能从这个角度去分析，相当不错。”评委嘉奖了一番又追问，“可能是什么翻转机制呢?”

“是猫的尾巴朝反方向旋转吗?”儿子充满期待地问。

“猜得有道理，可惜不是。有人的确去试了，没尾巴的猫也同样能做到。”

过了一会儿，评委见他穷途末路，开始告诉他猫能成功翻转的原理。原来，由于猫的脊椎可弯曲，使得猫在坠落时身体能自动翻转，并同时保持角动量守恒。评委还走到黑板前，极有兴致地给儿子画了好几个示意图，开始交流了起来。

我没养过猫，以前没见过天生没尾巴的猫，也不知道猫坠落时能自动翻转。我在电话里没听明白“猫脊椎可弯曲”究竟是怎么回事，通话后查了查，才知道的确有天生无尾巴的猫，又发现猫“摔不死”的现象竟然困惑了科学家一百多年。

这一现象似乎违背了物理学的角动量守恒定律，有人在1894年的《自然》杂志就发表过有关文章。直到1995年，约翰·加利（John Galli）在《物理学教师》杂志上破解了这个百年的谜。他先用一个“脊椎可弯曲”的机械猫做实验，成功演示了机械猫在坠落时能翻转就是因为它的脊椎能弯曲。为了消除所有疑问，他还将一只真猫的脊椎用硬纸板固定，使其不能弯曲，证明猫那时就再也不能在坠落时实现自动翻转了。从理论到实验，加利解开了猫“摔不死”的谜团。我那时才明白，原来人们常说的“猫有九命”是这么来的。

还有一位评委问了儿子几道数学题。例如，100 阶乘（100!）的尾部有多少个连续的零？为什么？但下面一题更有意思：一位赌徒在上午 8 点从家开车出发，用了 3 个半小时开开停停到了赌场。他输得精光，甚至把自己的车也搭上了。第二天上午 8 点，赌徒又从赌场出发，徒步了 20 个小时从原路返回到家。那么赌徒能否在这两天的同一时间到达路上的同一地点呢？为什么？

学生以前如果参加过一些数学竞赛，他们应该不会被这些问题难倒。也有评委问了儿子有关生物方面的问题，如下面的问题。

问：科学家们在某个岩洞深处发现一个地下湖，发现湖里的细菌与地面上的细菌非常不同。你听说过吗？

答：没听说过。

问：好。那么地下湖里细菌的基因是否可能与地面上细菌的基因不同？为什么？

答：有可能。因为那里没有光，所以那些细菌所需的能量来源与地面的细菌完全不同。地下湖中细菌的食物可能是溶解在水中的矿物质，或是岩石表面的一些矿物质……从某种意义上说，那些是“外星人”，所以有不同基因是完全有可能的。

问：那你认为它们的生长速度如何？

答：应该是较缓慢的，因为我猜想那里的温度较低，生理中化学反应速度会变慢。

在评审过程中，不是所有时候都是严肃的，尤其是在评委自己也不知道答案的时候。

问：如果让你给总统的能源政策出谋划策，你会怎样做？

答：我会建议进一步探索替代能源，如太阳能、风能、地能、海流等。例如，我曾看到一个报道，说有一个新的技术，称为液态金属电池（Liquid Metal Battery）技术。它由麻省理工学院的一位教授发明，据说能大容量地存储太阳能电池在白天产生的电能，足以供大楼在晚上使用。

问：就是那些媒体报道的在波音787上烧了好多次的新电池？

答：不是，波音787用的是“锂离子电池（Lithium-ion Battery)”。我刚才说的是一种新型电池，叫液态金属电池，是两种完全不同原理的电池。

评委：哦，那不就是烧成了液态，就成了液态金属电池了呗。

评委的幽默引发了一阵笑声，场上气氛顿时变得轻松和热闹了许多。

当然，最热闹的时刻是“黑色领带颁奖典礼晚会（Black

Tie Gala)”。在美国国家建筑博物馆（National Building Museum），英特尔全美大赛揭晓了决赛的十名获奖者。儿子很幸运，得了第六名。儿子参赛前我选择了待在家通过网络观看颁奖典礼，但晚会还没开始就后悔当初的决定了。

57. 受邀为纽约证券交易所敲钟

我们庆幸儿子能参加西门子和英特尔的大赛，但完全没料到接踵而来的荣誉和媒体的曝光。我起初担忧儿子可能应付不了，但后来证明这种担心是多余的。

儿子回忆说，在受中英文平面和电子媒体采访的时候，一堆记者围着他，他们都想抢在第一时间发布消息。几位记者同时向他发问，他当时都搞不清自己回答的是哪位记者的提问。

在福克斯新闻（Fox News）的直播采访中，他佩戴着微型耳塞和麦克风，坐在电视摄像机前，他说：“有一种像主播新闻的感觉”。有时受媒体采访也很辛苦。达拉斯（Dallas）的一家电台为了能及时插播比赛结果，竟然要求他在凌晨 5 点接受采访。

令我意外的是，他随后收到了德州州长给他颁发的奖状，还收到施韦特纳（Schwertner）州参议员寄来的德州参议院在 2013 年 2 月 11 日通过的“第 170 号决议案（Senate Resolution No. 170）”，以表彰他做出的成绩。他先后被美国知名的科技博客 Business Insider 和其他在线新闻平台评为十位最聪明的孩子和二十五位最优秀的高中生之一。

儿子也参加了西门子和英特尔安排的许多活动，其中不少很值得留念。大赛主办方邀请我们去了一次纽约，逛了时代广场。时代广场是曼哈顿区的繁华街区，被誉为“世界十字路口”。那里游人如织、高楼林立，到处充斥着庞大的LED广告屏。正当我们穿梭在人群中、眼花缭乱的时候，主持人让我们注意望左看：原来那里正播放着西门子大赛与儿子获奖的宣传片！

2013年纽约时代广场大屏幕

我们随后参观了华尔街的纽约证券交易所，零距离接触到股票交易平台。当天下午四时，迎来了参观活动的高潮——儿子为纽交所敲钟。据纽交所负责人介绍，能参观交易大厅是十分难得的机会，平时开放日游客是不容许进入交易大厅的，即使是上市公司老板也只有极少数人被接待。他说：“能被邀为交易所敲钟是一种非常特殊的待遇。”

2013 年纽约证券交易所敲钟（一）

儿子也荣幸与诺贝尔奖得主朱棣文博士见了面，并在白宫受到奥巴马总统的接见。

2013 年与美国能源部长、诺贝尔奖得主朱棣文博士

第十二章

可以平凡，但不能平庸

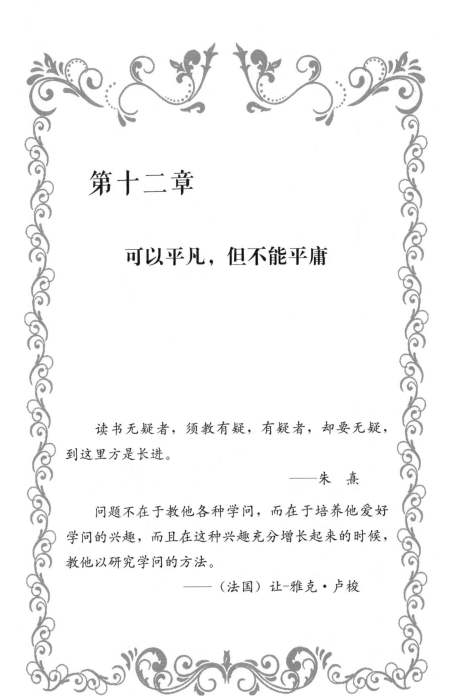

读书无疑者，须教有疑，有疑者，却要无疑，到这里方是长进。

——朱　熹

问题不在于教他各种学问，而在于培养他爱好学问的兴趣，而且在这种兴趣充分增长起来的时候，教他以研究学问的方法。

——（法国）让-雅克·卢梭

58. 专注自己的长板

人都有自己的价值观和人生观。在我看来，人生最大的奢侈是找到“你想干的、你能干的、有人要你干的”事。

这三个要素是缺一不可的。“想干”是因为感兴趣，“能干”是因为有特长，而“要你干”是因为对别人或社会有价值。如果一辈子干你不想干的，你会牢骚满腹；一辈子干你干不了的，你会灰心丧气；一辈子干不要你干的，你会一贫如洗。

马克·吐温曾说：“工作和娱乐是用来形容同一件事在不同情况下的两种状况（Work and play are words used to describe the same thing under differing conditions）。”一旦工作成了娱乐，就等于有人愿意发工资请你整天玩。爱迪生常在实验室一连工作长达二十个小时，他觉得这是一种乐趣。丁肇中曾几天几夜守在实验仪器旁，他觉得很幸运，因为别人出钱供他摆弄高档的玩具。如果一件事是兴趣所在、有能力驾驭、又有人请你干，那么工作就不是为了生计。

人最大的自由是“能不做不想做的事”，而人最大的奢侈是“能做想做的事”。父母都希望把最好的留给孩子，然而最有价值的东西不是物质财富，而是在孩子步入社会前，让其找到一个很想干的、能胜任的、有社会价值的事做。拥有了这一奢侈，孩子将来无论到哪儿或有多少财富，都会活得潇洒过得充实。

实现愿景需要学会专注，只有专注了才能去打造一技之长，而只有挤出时间去专注，才能化愿望为行动。许多人喜欢在新年来临之际，给自己拟定新的目标。下决心去做一件自己想做的事不难，难的是能持之以恒。对于即将步入成年的高中生来说，持之以恒将是一种终身能受用的能力。

普遍来说，德国和日本崇尚专注和严谨。在这方面，美国做得差强人意，中国则更有待提升。在我开过的汽车中，美国制造的车坏过好几次，而日产车几乎没坏过。而中国的产品充斥着世界每个角落，大多价廉得让人有点过意不去，质量却差强人意。只有潜心经营自己的产品，企业才能打造出百年品牌。

企业要专注经营自己的品牌，人也要专注打造自己的长处。每个人都有属于自己的长处，只是有人还没找到而已。人的长处就像这一“撇”，找到了它，“找”才能成为“我”，才会在社会找到自己的位置。

在打造自己的长处的时候，学生需要静得下心来、坐得了冷板凳。在一个周末，儿子说要在书房呆三小时，我马上知道他打算干什么。自从加入到 USACO 以后，他格外投入学习计算机算法。利用课余时间，他一步一个脚印地学，成了金组队的成员，然后进入竞赛前 20 名，也在编程算法方面迈上了一大台阶。看儿子关上了书房门，我与妻子在家的说话声降低了，做事也尽量不制造出噪声。

三小时刚过，书房内传出一声巨响，像一件硬的重物从书架上掉了下来。我赶紧打开房门，只见他搭着头，纹丝不动地坐在计算机前。我看他并没出事，才松了口气，但还是不由自主地在书房里东张西望。儿子此时稍稍抬起头，看我仍然疑惑不解的样子，便有气无力地吐了一句“I am okay”，意识到他想一人待一会儿，我便带上门退了出来。

十多分钟后，儿子慢慢走出书房。看我还是好奇的样子，他徐徐道出刚才发生了什么。在那三小时，他在做 USACO 的编程项目，做完后一直在验证自己的程序。他忘了时间的流逝，直到下意识发现：该马上提交程序了，否则就超时了。正当他用鼠标点击“发送”键的那瞬间，计算机屏幕上跳出时间已到的字幕。已经晚了！他不敢相信自己的眼睛，就不由自主地高高拿起了鼠标……

“哦，那是鼠标拍桌面的声音，怪不得那么响。”我忍不住调侃了一句。他一直低头抿嘴笑着，然后猛地说了一句：“对啊，就只差半秒!”他还沉浸在编程中，但总算释放出了压抑着的不甘情绪。看到他如此投入，我不由想起一个有趣传说。曾有一位女作家被邀请参加一场笔会。有一位男士坐在她身旁，他问女作家发表过什么大作。

“谈不上大作，只是小说而已。”

“那我们是同行了。我出版了几百部小说，你呢?”

“一部。”

“噢，只有一部啊……那书名是?”

“《飘》。”

那位女作家是玛格丽特·米切尔，而那位男作家是谁，人们无从查考。巴菲特和盖茨两人都曾感叹说，专注是成事的关键。尤其在 21 世纪的今天，各个行业高手如云，每个领域博大精深。一个人看似可做许多事，但一生却很难去做好一件事。只有专注了，人才能走得更远。

59. 偶像的力量

2008 年暑假，我们迎来了北京奥运会。

在 8 月 10 日那一天，一场让儿子难忘的比赛在水立方游泳馆拉开了序幕。那是一场4×100 米的自由泳接力决赛，从一开始局势就呈胶着状态。过第三棒后，美国队落后于法国队半秒。最后一棒，美国队的简森出师不利，50 米后就被抛下半个多身位。

儿子与我都知道这个距离在国际高水平竞赛中意味着什么，都意识到美国队这次又将重蹈覆辙。

可一场戏剧性的大反攻却悄悄开始了。在人们还没有缓过神来的时候，美国队的简森就像一枚加速的鱼雷，迅速向法国队的阿兰逼近。在那个关键时刻，简森的毅力与爆发力实属罕

与奥运游泳冠军简森合影

见，令人叹为观止。在冲刺终点线的那瞬间，简森与阿兰同时触壁，这是一个无可非议的平局。但显示屏上却亮出了他们的成绩：美国队以百分之八秒的优势惊险夺魁！全场那时一片哗然，儿子与我也难以置信竟然会发生这等事。

奥运会结束后不久，儿子的游泳队有幸邀请到简森前来做客指导，为小朋友们传授经验，帮助他们诊断游泳中存在的问题。

聚会时，小朋友们争先恐后触摸简森的奥运金牌，他被大家围了个团团转，合影签名忙个不停。儿子以前从不关心我为他照相录影，这次却嘱咐我务必要准备好了。

暑假一眨眼就过去了。儿子也迎来他的下一场大赛——德州南部的“海湾游泳竞赛”。在那次大赛中，儿子有三个赛项，而最让我难忘的是他的最后一个泳赛。

那是一场 200 米自由泳赛。比赛一开始，儿子略有领先。在中间两圈，他的节奏明显慢了下来，渐渐被其他选手赶上。游到最后一圈，儿子比领先的选手慢了半个身位。看他不顺畅的泳姿，我们判断出他真的有点力不从心了。

我与妻子都为儿子感到惋惜：“唉，他刚比完两个赛项，是体力跟不上了。”谁知话音刚落，我们就见他一路急起猛追。他神奇般恢复了体力，手臂划水和腿脚踩水的频率突然变得快而有力，先前的疲惫状态瞬间荡然无存。这与刚才的他完全是判若两人，我们以为自己看错了泳道，儿子在终点竟然比第二名快了半个头。

在参赛的三个项目中，儿子都得了第一，也拿了各项总分冠军。在回家路上，我好奇地问儿子，刚才那个“后来居上”是不是他事先安排的策略。儿子摇了摇头，轻轻吐了个

“No”。我习惯了他的回答方式，就追问究竟是怎么回事。他抬起疲惫的头轻描淡写地说：“当时的确很累，最后看到自己落后半个身位，就突然想起了简森……就是在北京奥运会上的那个简森。”

幸好我追问了一下，不然怎么也猜不到是这么回事。世界上有一种影响是无声的，也是挥之不去的。有的事可以发生在很久以前，会被许多人淡忘，但自己却感同身受，持久地影响着自己。有句俗话说得极好，点亮一盏灯，照亮一大片。对孩子来说，大人千百次的苦口婆心比不过一次无声表率。人可能都是这样的，没什么比自己心目中的那盏灯更有感召力。

60. 善做“不紧迫却很重要”的事

专注需要耗费大量的时间。许多学生心中有大的抱负，但又总是心有余而力不足，挤不出时间去做自己想做的事。家长通常教育孩子要学会按“轻重缓急”去办事。可这些忠告只停留于原则层面，没有告诉学生具体该怎样去实施。

在许多时候，让人放弃的原因不是山的高度，而是鞋里的几粒沙子。坏习惯是那些阻止前进的沙子，而好习惯是催人前进的助推器。心理学家发现，人们通常只需 20 多天的重复行为就能形成“初步习惯”，3 个月的重复就常常会养成“稳定习惯”。而美国神学家爱德华兹（Tyron Edwards）早在 19 世纪就这么总结过：行为养成了习惯，习惯造就了性格，而性格决定了命运。

要把握好命运，就需要养成时间管理的好习惯。高中的学习和生活的确会让学生忙得不可开交。就拿我儿子来说，要保证每天 8 小时的睡眠时间，除去上课和课后俱乐部活动，回家后还要留出游泳和练琴时间，到最后顶多能剩下 4 小时用在学业上。对许多高中生来说，“8 小时睡眠”只是个愿望而已。对这些学生来说，学会时间管理就显得重要和迫切了。

学生常犯的错误是把大部分时间花在“紧急却不重要”的事上。例如，做作业时一直摆脱不了微信或邮件的干扰。一旦耽误了要事，他们不得不迫使自己处于“救火”的状态：打乱原有的安排，或者用透支睡眠的手段去补救。不难看出，问题的症结在于不能判断什么事是“重要”的、什么事是“紧迫”的，不能按轻重缓急去处理学习和生活中的事务。

时间管理是最难掌握的能力之一。在一段时期，儿子睡眠不足的现象极为突出，周末就成了“弥补”一周睡眠不足的唯一机会，几乎每个周末要睡到中午才起床。我曾问儿子怎么有这么大的能耐，一直能撑到周末才去弥补睡眠的不足。他一开始不想正面回答，有一天心情好了才道出了真相。

儿子在校发困的时候，如果觉得课堂太乏味，他有时会在上课时打盹。“那老师不骂你吗?”我好奇地问。他先不以为然，说老师们并不介意，随后又吞吞吐吐坦白，“物理课老师是个例外。”尽管他的物理成绩是全年级第一，也是全校唯一赢得奥林匹克物理初赛的学生，但那些都没能消除物理老师对他的看法。

以前，我一直不理解物理老师为什么不喜欢儿子。我那时才恍然大悟，“哦，原来是这么回事……你一直在拆东墙补西墙啊。”说着说着，儿子觉得有点不好意思，“我也不是天天这样的……”他觉得自己的确做得太过分，以后渐渐收敛了许多。

“重要的事很少是紧迫的，而紧迫的事又很少是重要的。”这是美国总统艾森豪威尔的一句名言。他是第一个提出时间管理概念的人，告诫人们必须区分“重要的事”和“紧迫的事”。实际上，所有事务都可以被归为四大类：重要的、紧迫的（如突发事件）；重要的、不紧迫的（如发展某一特长、锻炼身体、准备考试）；不重要的、紧迫的（如接听打来的电话、回复一般邮件）；不重要的、不紧迫的（如广告打扰、闲聊、看电视、琐事）。

美国教育家和管理学大师柯维曾叙说过类似下面的有趣故事。这个故事形象告诉人们，该怎样按轻重缓急来处理事务。

一位专家给商学院高才生开讲座。专家在桌子上放了一个大的广口玻璃瓶，旁边有一块大木块，许多小卵石，一大堆沙子和一杯水。怎样把这些东西都放入玻璃瓶呢？学生们都觉得有点不可思议。

专家先将一堆沙子和一杯水倒入玻璃瓶，再将大木块放入瓶中，最后试图把那些小卵石放入，但还没等都放完，玻璃瓶就满了。

专家然后换了一个思路，当场演了一出“魔术”：他先将大木块放入瓶子中，接着利用瓶中大部分空隙将小卵石放入，再拿起沙子倒入剩下的空隙，最后将全部的水倒入瓶中。就这样，全部东西就魔术般地被塞入了玻璃瓶。

这就是做事次序的智慧：①先放“大木块”；②然后放那些“小卵石”；③再放入“沙子”；④最后到入“水”。处理事务就应该如此。那些“重要而不紧急的事”往往是“需要长期努力的要事”，需要多做善做。通向未来的铺路材料不是一两块“大木块”，也不是数不清的“沙和水”，而是那些坚实的“小卵石”。

	紧急	不紧急
重要	1.大木块 (重要、紧急) 不经常发生的急事	2.小卵石 (重要、不紧急) 需要长期努力的要事
不重要	3.沙子 (不重要、紧急) 尽量推迟或少做的小事	4.水 (不重要、不紧急) 尽量少做或不做的闲事

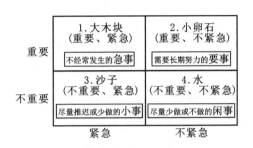

在以前介绍的棉花糖实验中，研究员给孩子这两个选择：现在吃一颗糖，或者等 15 分钟后吃两颗糖。现在就可以看出，前一个选择相当于“不重要（只有一颗糖）、但急迫（现在就吃）”，而后一个选择相当于“重要（有了两颗糖）、但不急迫（需要等 15 分钟才吃）”。可见，选择等待的孩子本能地选择了做“重要但不急迫”的事。

自律能力比智商更重要，它更能预测学生的发展前途。宾夕法尼亚大学心理研究中心的安吉娜·达克沃思（Angela Duckworth）与马丁·塞利格曼（Martin Seligman）两位教授，对八年级学生进行两年的研究。他们发现，“高智商但低自律力”的孩子学业普遍不佳；自律的孩子回家后，愿意花更多时间在该做的事上，而不是先上网聊天或看电视。所以说，有效的时间管理是时间的倍增器。学会了这一能力，学生就能挤出时间专注那些决定前途的要事，有精力去铺建通向未来的道路。

61. 可以平凡，但不能平庸

平凡是一种健康的心态，而平庸是一种消极的惰性。许多时候，把该做的事做好就是不平庸，甚至会让人觉得不平凡。前一阵子，我去西雅图的波音公司参观，深感打造一架大型飞机是件了不起的事。但如同做任何事，制造的每个具体步骤都是平凡的，成千上万个硬件都是由操作工经过无数道枯燥的工序精心制作而成的，而每个软件也都是由程序员将无数条平凡的编码细心编写而成的。如果没人去做好每一个看似微小而平凡的事，造飞机的愿景也只能是海市蜃楼。

能接地气去做好平凡的事是名校看中的素质。我知道的一位美国华裔高中生，她被哈佛大学录取，其中一个重要原因是她将义工做到极致，最后做到联合国去了。还有一位名叫丁丁的29岁中国男生，据报道他患有先天性脑瘫，在拒绝放弃的母亲相助下与逆境抗争，其超强的毅力打动了哈佛而被录取。相比之下，一位美国华裔高中生曾获得过一门学科的全美联赛大奖，却没被申请的名校看中。

无论申请哪所好学校，优秀的高中成绩和高考成绩能为入学加分，但仅仅有高考分的学生反而可能给学校一种近乎平庸的负面印象。这是美国教育文化和选才理念的一个烙印。与分数相比，美国名校更欣赏平凡人物的“Passion（激情）”“Leadership（领导力）”或“Overcome Adversity（克服逆境）”等素质，因为这些都比考分更能看出一个人的潜力。当然，有了这些品质还不够，学生还得学会如果去推销自己。

第十三章

打造真实亮丽的申请文本

不积跬步，无以至千里；不积小流，无以成江海。

——荀　子

如果学生不能筹划他自己解决问题的方法（自然不是和教师、同学隔绝，而是和他们合作进行），自己寻找出路，他就学不到什么；即使他能背出一些正确的答案，百分之百正确，他还是学不到什么。

——（美国）约翰·杜威

62. 敲开名校大门必备的功课

与科研项目进行的同时，儿子心中还牵挂着另一件大事——申请大学。美国12年级的开始，就意味着离美国“大学提前申请”的截止日期只有两个月了，这段时间就成了儿子有生以来最忙碌的日子。

申请美国高校有两种方式：最常见的是一种Regular Decision（常规申请），学生需要在年初之前上交申请书，同年4月初可知道自己是否被录取；而另一种是Early Admission（提前申请），申请截止日期在11月初，申请学生通常在12月中旬前就可收到学校的决定。

提前申请比较复杂，它又可以分三种形式：提前录取（EA），限制性提前录取（REA/SCEA）和提前决定（ED）。它们的不同点表现在对学生的限制。EA最为宽容，学生若被录取可以不去就读，也容许学生提前申请其他任何学校。采用EA的学校有麻省理工学院、芝加哥大学和加州理工学院等。

REA/SCEA增加了一点限制，尽管容许录取学生不去就读，但学生不能同时提前申请其他学校。采取REA/SCEA政策的学校有哈佛、斯坦福、耶鲁和普林斯顿等大学。

ED的限制性最强，一旦被录取就必须前去就读。如果学校不是自己首选的心仪大学，学生应尽量避开ED的学校。然而，申请ED学校可略微提升被录取概率。这类学校有哥伦比亚、布朗、杜克、康奈尔和赖斯等大学。

虽然EA最为宽容，但由于另外两种形式的限制，申请了

EA 就意味着不能同时申请 REA/SCEA 或 ED 的学校。

美国名校的竞争日趋激烈，一所学校有好几万人申请，学生基本上都有出色的学习成绩，但只有寥寥一两千名学生被录取。美国顶尖大学究竟是怎样招生的呢？这是一个让许多家长和学生感到疑惑的问题。一位名校的招生办官员曾透露说，亚洲家长最想问的一个问题是，“什么是大学的录取标准或考核公式?”但那些家长一定会失望，因为得到的答复肯定是“我们没有录取标准，更没有录取考核公式。”

有这么一个故事：一位女士拿着自己孩子的高中成绩单、高考成绩和其他申请文书，气呼呼地跑到普林斯顿大学招生办公室。她一进门就要求学校给她一个合理的解释：为什么一个在高中名列前茅，高考成绩优秀的学生没能被录取？你们不要这样的学生，到底想要怎样的学生?！一位资深招办人员慢慢抬起手，指向一堆几米高的申请材料，慢条斯理地回答：他们的情况与你孩子差不多，有许多还更好，但他们也没被录取。

尽管录取中有一定的随机性，但还是有规可循的。美国名校依赖一揽子隐形的考核指标对学生进行筛选，遵循“全面（Holistic）考察”的录取政策，其本质与慢教育的理念有异曲同工之处。顶尖大学从不缺乏成绩优秀的申请者，所以学生能脱颖而出的关键是彰显与众不同的一面，而不是一味追逐学业成绩和考分。

63. 讲好你的故事

有了良好的学业成绩和不平庸的课余生活，就给申请美国名校奠定了良好的基础。但高校每年需要在短短的一个半月或三个月之内，从几万名申请学生中挑选一两千人。特别在初选期间，每个申请者可能只分配到 10 分钟过目的时间，学校没有机会去进一步挖掘学生的隐藏素质。就连好莱坞大片也需要宣传一样，学生需要在申请材料中讲好自己的故事。

学会讲自己的故事就是学会推销自己。在升学申请、就职面试或寻求创业投资等许多事情上，“能讲故事”不是一个可有可无的能力。简单概括来说，讲自己的故事要把握住两大要点：首先，讲故事是分享经历，故事是真实可信的，不是吹牛撒谎；其次，能让人透过故事悟出你的卖点、看出你是何人，而不是把干巴巴的东西塞给对方。

推销自己就要尽力展现自己独特的一面，好莱坞影片《决胜 21 点》中的一个场景把这一道理诠释得淋漓尽致。该片叙述了麻省理工学院一位本科高才生即将毕业，已被哈佛医学院录取，但他单亲家庭无力承受 30 万美元的学费。他唯一的希望是争取到著名的罗宾逊奖学金，以支付医学院的费用，但此时已有 70 多位成绩相当的学生追逐这个奖学金名额。

哈佛医学院主任告诉他，奖学金获得者应该是一个在申请材料中“Someone who dazzles（能让人眼睛一亮的人）”，是“Some-body who jumps off the page（在字里行间呼之欲出的人物形象）”。主任继续解释道，赢得奖学金的关键是要告诉学校你到底有什么特殊之处，你的人生经历与他人到底有什么不同。

影片接着讲述了这位学生的一段经历。该学生有超强记忆力和神算能力。为了能赚到 30 万美元上医学院的费用，他在诱惑下加入了算牌小组，专攻美国赌场中风行的 21 点赌局。

他在拉斯维加斯与赌场周旋，屡次大胜，狂赢 300 万美元，最后被各大赌场列入黑名单。不仅被追踪调查，他还遭到两次暗算，最终落得两手空空。兜了一大圈，唯一能成全他哈佛医学院梦的还是那笔奖学金。学生叙述的这段跌宕起伏的故事，早已让医学院主任眼花缭乱、无以言表。此时，观众都明白那 30 万美元奖学金是非他莫属了。

这影片源于一个真实的故事，也融入了不少戏剧性成分。但在“学会讲你的故事”这一点上，影片所传递的信息却不离谱。对想赴美留学的学生来说，该影片不失为了解美国名校选才文化的一个不可多得的教材。

64. 打造真实亮眼的申请文书

申请材料除了要求学生提供大量学业信息，还要求学生回答许多问题和提交多篇命题短文。学校希望通过这些信息，从各个角度了解学生学业以外的状态。学生需要深入剖析自己的感受，再说出自己的故事，让招生员知道自己是与众不同的个体。

大学的申请文书是学生彰显个性和特长的唯一机会。告诉学校自己曾在什么环境下做了什么选择，具备了哪些素质；在什么压力下成长，怎样让自己成熟；为团体和社会做出了什么贡献，如何展示领导才能，等等。学校看重的不是你做了什么惊天动地的事，而是在成长过程中学到了什么，获得了哪些感悟。好的申请文书能让招办人员念了会“眼睛一亮”，知道只有你才能写出其中特定的内容。

申请文书在申请名校中有举足轻重的地位，其底线是不能让它拖申请的后腿。最让招生人员头疼的是大量错别字和语法错误，或者陈词滥调太多。其次，短文必须真实，必须是原创。招生人员每年可能阅读成百上千篇申请文书，都有很强的洞察力，能判断出哪些是从范文中抄袭修改而来的文章。

申请材料通常需要学生提交至少两份推荐信。推荐信一定要找熟悉学生特点的人去写，一个与学生没有太多接触过的人是写不出真情实感的。例如，学生可以找两位教文理的老师，让他们从不同的视角描写学生在课上或课后踊跃讨论或独立思考的事例，再挑选一位业余活动指导员提供学生领导能力的实例等。

尽管美国大学并不要求学生在申请时选择专业，但此时儿子已经确定了他的专业志向——计算机科学。知道今后想干什么有一大好处，那就是能极大缩小选择大学的范围，减少花费在申请大学上的时间。

儿子与我们很快达成了共识，大家都认为没必要申请太多学校，再说也没时间去填写其他学校的申请材料。儿子最后决定申请斯坦福大学、哈佛大学和麻省理工学院这三所大学，再加了一所保底的学校。

接下来，儿子需要决定提前申请哪所学校。斯坦福大学和哈佛大学都采用“限制性提前录取（REA/SCEA）”的政策，而麻省理工学院采用的是“无限制提前录取（EA）”。这意味着在提前申请这一阶段，儿子只能申请这三所学校中的一所。经过讨论，我们都认为应该提前申请斯坦福大学，而在两个月后的常规申请中，再申请哈佛大学和麻省理工学院。

除了学业方面的情况，斯坦福大学要求学生提供几篇个人陈述（Essay）。在梳理自己经历的时候，他尽量剖析当时的心情和情绪转化，把当时的情感融入短文中，让招生人员通过当时的情景了解一个活生生的自己。例如，参加校俱乐部、各类竞赛、暑期活动的经历和个人爱好等，儿子从这些高中经历过的课外活动中挖掘素材。那些活动的最终结果并不是关键，关键的是说出属于自己的故事，注重“自己的成长”“自己的个性”“自己的爱好”。总之，他让学校了解到自己到底有哪些兴趣，为之付出了什么，有什么特长，又为之投入了多少。

学校对个人陈述的要求不低，但也不是说学生要写出什么大作。学生的目标是尽量让短文给申请加分，底线是不能让其成为申请的一个败笔。在儿子申请材料中，有这么一篇短文命题，要求学生“给大学未来的室友写封短信，以便室友和大家能更好地了解自己。”

该如何入手呢？首先，这篇短文是给招生人员看的，所以不应该重复累赘申请材料中已经交代过的东西。其次，这篇短文是写给室友的，因此应采用聊天的形式。这些都比较容易想到，难的是找到好的铺垫和引子，能让内容自然地切入到真正想说的话题，让招生办人员了解他们还不知情的东西。

经过几星期的酝酿，儿子突然想起了曾经发生的一个场景，觉得可以拿来用，就借此话题写了下面这篇短文。

Dear roommate：

亲爱的室友：

While I was packing my suitcase for the Stanford University Mathematics Camp, I was looking forward to a month away from home. I wanted to temporarily leave behind my old friends and my old life, ready to meet new people and try new activities. Yet, I could not bear to part with certain things.

在为斯坦福数学夏令营准备行李的时候，我的心就一直憧憬着那即将离家的一个月。我期待暂时撇下故友和熟悉的生活，盼望着能结交新的伙伴和尝试新的生活。然而，有些东西我却不忍心离之而去。

I packed my piano sheet music, still unsure if I would have opportunities to practice, but dreading the nightmare of having access to a piano without pieces to learn. I lose myself in the music each time I sit at the piano bench. When I feel tired and need a break from study, I migrate over to my piano and enter a world filled with arpeggios and chromatic scales, a world where my emotions flow through my fingers and into the air.

我带上了钢琴乐谱，虽然不知是否会有练琴的机会，但唯恐会有那种有钢琴却无琴谱的懊悔。每次坐在琴前，我总会忘了自我而沉浸于音乐之中。每当感到疲乏、想从学习中喘口气儿的时候，我便会挪到钢琴前，融入那充溢着琶音和半音阶的世界，让情感渗透过我的手指流淌，任其在空中飘逸。

I packed my swim trunks, goggles, and dragsuit. I love the water for its defiance of "land" physics. Weightlessness, amplified drag forces, the rush of water past the body with every pull-these phenomena all contribute to the magical quality of swimming. After workouts, I feel strengthened and energized.

我带上了泳裤、泳镜和阻尼裤。我喜爱水赋予的那种能抗衡地球引力的感觉。失重，人为增加的阻力和每次发力后从身上涌过的激流——它们都给游泳增添了一种魔力。锻炼之后，我像充了电似的，顿感精力充沛了许多。

I packed my drawing pencils and sketchpad, wanting to capture the special moments spent with my new friends. I prefer art to photography: the artist can choose what to emphasize or omit, better depict action and emotion with varying textures and line strokes, and make the scene more personal by adding abstract elements. Drawing is my way of remembering and telling stories of cherished times.

我带上了铅笔和画板，想要捕捉与新伙伴在一起的那些特殊的瞬间。同摄影相比，我更喜欢绘画：画家可以选择去关注什么、忽略什么，可以选择用有不同的质地、线条和笔触来更好地描绘行为和表达情感，可以选择增添其他元素使场景更加个性化。我想用绘画来记录和讲述每段值得留念的时光。

I packed my Rubik's cubes, counting on them to relieve boredom or pass time. When I am waiting in line or walking long distances, my mind busies itself with speedcubing. People often inquire why I enjoy solving the same cube hundreds of times. It is for the same reason why people play tennis or chess or golf-every solution is different and engages the mind in a unique manner.

我带上了几个魔方，指望着它们能替我解闷和帮我打发无聊。每当在排队等候或长时间行走的时候，我的大脑就会忙碌于魔方的速解。人们常问我为什么喜欢几百次地去破解魔方。实际上，这与人们喜欢打网球、下棋或打高尔夫球的道理是一样的：每次遇到的情形不一样，每次都需要用独特的方法去解决。

My passions always remain with me, even in new environments. I will always pack my passions in my suitcase, no matter where life's journey leads. My roommate, what would you pack?

即使到了陌生的地方，这些激情也不会离我而去。无论人生的归宿在何方，我总会携带着它们与我同行。我的室友，有哪些东西将随你而行呢？

所有规定材料终于备齐了，但儿子总觉得缺了什么。他随后挑选出几首不同时期和风格的钢琴曲，再把自己的弹奏录制到光盘上，作为申请的补充材料。刚寄出斯坦福大学的提前申请材料，他又马不停蹄地做常规申请的工作，继续准备哈佛大学和麻省理工学院的申请材料。

65. 申请美国大学的文书范例
（Common College Application）

以下是恺昇提交给哈佛大学、斯坦福大学和麻省理工学院申请文书，仅供参考。

1 Please briefly elaborate on one of your extracurricular activities or work experiences in the space below. 请在下面容许的空间内，简要地阐述你的一个课外活动或工作的经历。

[答] On the last day of school, when others were dreaming about a carefree summer, I enjoyed my first day as a student researcher at a nearby university-I wanted to be able to pursue my own questions and ideas in the field of computer science. I studied the motion-planning problem in robotics and familiarized myself with the lab's motion-planning library. Within weeks, I began developing a new method to solve the problem. My first attempts were flustered by inconsistencies in performance. I soon developed a skill required of every good scientist: knowing how to persevere through disappointments and identify directions for improvement. Through stepwise refinements of my algorithm, I kept improving my results, and I rejoiced when finally it experimentally outperformed all other methods tested. I wish to continue scientific research after high school-countless other methods wait to be discovered by those who have the courage to ask questions and the resolve to investigate them.

2 Please write an essay of 250-500 words on a topic of your choice or on one of the options listed below. This personal essay helps us become acquainted with you as a person and student, apart from courses, grades, test scores, and other objective data. It will also demonstrate your ability to organize

your thoughts and express yourself. 请在下面挑选一个主题，写一篇250～500字的短文。这篇短文将有助于我们了解你本人在课程、成绩、考试分数和其他客观资料以外的情况。它也将显示你的构思和表达能力。

1) Evaluate a significant experience, achievement, risk you have taken, or ethical dilemma you have faced and its impact on you. 评估你的一个有意义的经历、成就、冒险或你碰到的伦理困境，并阐述它对你的影响。

2) Discuss some issue of personal, local, national, or international concern and its importance to you. 探讨个人、地区、国家或国际所关注的问题，以及它对你的重要性。

3) Indicate a person who has had a significant influence on you, and describe that influence. 指出谁对你有过重大的影响，并描述这个影响.

4) Describe a character in fiction, a historical figure, or a creative work (as in art, music, science, etc.) that has had an influence on you, and explain that influence. 描述对你产生过影响的一位小说中的人物、一位历史人物或一个创作（如在美术上、音乐上或科学上，等等），并解释那个影响力。

5) A range of academic interests, personal perspectives, and life experiences adds much to the educational mix. Given your personal background, describe an experience that illustrates what you would bring to the diversity in a college community or an encounter that demonstrated the importance of diversity to you. 多重学术兴趣、个人观察角度和生活经验会给教学增添不同的元素。鉴于你个人背景，描写一个经历来说

明你会给大学社区多样性带来什么或表明多样性对你的重要性。

6) Topic of your choice. 你自选的主题。

[挑选的短文题] Discuss some issue of personal, local, national, or international concern and its importance to you. 探讨一个个人、地区、国家或国际所关注的问题，以及它对你的重要性。

[答] "I hate math." Quite often I heard this complaint from my classmates. Mathematics is one of the most feared school subjects but the most beautiful to those who understand it. For a long time, this paradox puzzled me. Why did so many complain that math is boring or stupid or contrived, that math is about memorizing formulas and completing loads of repetitive homework, while I found math interesting, elegant, and-most impressive of all-unwaveringly consistent?

I had skipped several years of school math classes, so others often sought my help in math. A friend once asked me, "Why is the quadratic formula so complicated?"

I replied, "Did your teacher show you where the quadratic formula comes from? You know, completing the square?"

He answered, "We completed the square, but she never said how that's related to the quadratic formula..."

I was stunned. Our math teachers make students memorize the quadratic formula without showing them its derivation? Worse, they teach students how to complete the square without explaining that the quadratic formula is just a generalization?

Something was missing.

Last year, I stumbled upon the article "A Mathematician's Lament" by Paul Lockhart, who argues that mathematics is the art of finding patterns and making discoveries. Lockhart claims that students find mathematics unappealing because the school curriculum reduces math to a mere set of problem types that students must master one by one. No creativity or experimentation is necessary; for each problem type, students simply memorize a series of steps that solve it, and are thus denied the joy of unraveling beautiful mathematical relationships. I agreed wholeheartedly-this explained why my friends never tried to answer their own questions through experimentation and manipulation: they were never encouraged to do so.

I immediately began to battle this injustice to mathematics by initiating a weekly math seminar in the school math club, volunteering to present over a wide range of relatively advanced topics. Differing from the standard public school math curriculum, my teaching focuses mainly on critical-thinking and problem-solving techniques. I assign practice problems, most of which do not resemble each other at all. This allows participants to continually experiment with different techniques, often combining multiple principles in unique ways. Thus, each problem is a seed for a distinctive mathematical journey that culminates in a new revelation about mathematics. I was happy to notice Math Club participation skyrocket.

Even on a day-to-day basis, I enjoy sharing my mathematical passion with others. After noticing a classmate's frustration with math formulas that "made no sense," I offered to help. After I walked her through a simple derivation, her expression lit up with enlightenment. Although she might not have believed it then, she was one step closer to understanding that mathematics does, in fact, make sense.

This experience has taught me to understand others' perspectives, but my perspective should be understood as well. I await the day when math classrooms are a haven for creative thinkers, not human algebraic calculators with a limited number of commands.

66. 斯坦福大学补充申请文书

Stanford Supplement Short Essays
斯坦福大学补充短文

每篇至少250个字，但限制在所允许的空间内（at least 250 words，but not exceeding the space provided）

1　Stanford students possess an intellectual vitality. Reflect on an idea or experience that has been important to your intellectual development. 斯坦福的学生具有十分活跃的智力思维。回顾一下曾对你的智力开发极有帮助的一个理念或一段

经历。

［答］　A few years ago, at my first Science Bowl practice, I first realized that the different fields of science are intricately intertwined. It was initially shocking to hear a teammate explain the answer to a biology question in terms of chemistry. After I asked why the question was not in the chemistry Science Bowl category, he replied, "It's both biology AND chemistry. Many questions are like that-you can look at the same concept from different scientific perspectives." In later Science Bowl practices, it was exhilarating to learn that geologists could deduce a mineral's properties by analyzing the chemistry of the atomic bonds, biologists might explain the metabolic process by referencing the laws of thermodynamics taught in physics classes, and computer scientists can apply principles of quantum mechanics to create quantum computers.

As I progressed further through high school, I found that these inspiring connections were not limited to the sciences. For instance, the mathematical principles of geometry are prevalent in the artwork of M. C. Escher. The growth of jazz music during the Roaring Twenties helped expand and solidify modern American culture after World War I. Rachel Carson observed the chemical nature of the pesticide DDT, understood its ability to spread geologically through soils and waterways, noticed the resulting damage caused to biological ecosystems, and wrote the classic nonfiction book Silent Spring, which helped launch the environmental movement that prompted the creation of the

Environmental Protection Agency (EPA). I developed a new attitude towards education: one cannot truly appreciate a subject without understanding how it relates to other subjects. Thus, to further satisfy my love for the sciences, I eagerly delved into other classes that I had previously found uninteresting. With a heightened appreciation for science, I look forward to future Science Bowl practices, where I will encounter even more insightful relationships.

2 Write a note to your future roommate that reveals something about you or that will help your roommate-and us-know you better. 写一封短信给你未来的室友，以便你的室友和我们从中能更好地来了解你。

[答] While I was packing my suitcase for the Stanford University Mathematics Camp, I was looking forward to a month away from home. I wanted to temporarily leave behind my old friends and my old life, ready to meet new people and try new activities. Yet, I could not bear to part with certain things.

I packed my piano sheet music, still unsure if I would have opportunities to practice, but dreading the nightmare of having access to a piano without pieces to learn. I lose myself in the music each time I sit at the piano bench. When I feel tired and need a break from study, I migrate over to my piano and enter a world filled with arpeggios and chromatic scales, a world where my emotions flow through my fingers and into the air.

I packed my swim trunks, goggles, and dragsuit. I love the water for its defiance of "land" physics. Weightlessness, amplified drag forces, the rush of water past the body with every pull-these phenomena all contribute to the magical quality of swimming. After workouts, I feel strengthened and energized.

I packed my drawing pencils and sketchpad, wanting to capture the special moments spent with my new friends. I prefer art to photography: the artist can choose what to emphasize or omit, better depict action and emotion with varying textures and line strokes, and make the scene more personal by adding abstract elements. Drawing is my way of remembering and telling stories of cherished times.

I packed my Rubik's cubes, counting on them to relieve boredom or pass time. When I am waiting in line or walking long distances, my mind busies itself with speedcubing. People often inquire why I enjoy solving the same cube hundreds of times. It is for the same reason why people play tennis or chess or golf-every solution is different and engages the mind in a unique manner.

My passions always remain with me, even in new environments. I will always pack my passions in my suitcase, no matter where life's journey leads. My roommate, what would you pack?

3　What matters to you, and why? 你在乎什么，为什么？

［答］　I was seven years old when I first visited the Texas

A&M University Chemistry Open House, an annual public event featuring demos, interactive exhibitions, and lectures. I watched with amazement as a green froth rose from a large graduated cylinder like a dragon leaving its nest. Drawn into science, I went home that day full of questions and excitement. Throughout my life, I have had many similar learning opportunities created by volunteers sharing their undying passion with others. Demonstrations at the A&M Physics Festival introduced me to the wonders of electricity and astronomy, the Olympic gold medalist Jason Lezak improved my stroke in a swim clinic, and a Van Cliburn Competition medalist enhanced my musicality in a piano master class.

Each of these activities has added dimension to my life. The African proverb, "it takes a village to raise a child," surely rings true. I strive to give back to the village that supports me to this day. I was volunteering as a timer at a swim meet when a nervous six-year-old boy approached me, asking if he was in the correct lane; I asked for his name and confirmed that he was.

He then muttered, "It's my first time... I don't know what to do ..."

As I helped him put on his cap, I told him, "I was nervous at my first race too, but after I dove in, it was just like practice."

The starter blew a long whistle and I urged the boy along. With my assurance, he bravely stepped on the starting block. I cheered for him through the entire race, and after I helped him out of the pool, his eyes were beaming with pride. He had won his heat and was given a small Heat Winner ribbon. I was congratulating him when he pressed the ribbon into my hand and said, "Thank you for helping me." Throughout my life I have myself accumulated many similar ribbons and buttons, the majority of which have been pushed into obscurity in my room, but the ribbon I received that day is still proudly displayed, a reminder of the joys of contributing to my village.

67. 哈佛大学补充申请文书

Harvard Supplement Essays
哈佛大学补充申请表中的短文

[补充短文] A letter to your future college roommates 一封给你未来大学室友的信

(与斯坦福大学的短文重复，因此省略。)

[其他补充材料]

1) Music recordings of three piano pieces

Track 1: The Well-Tempered Clavier I, in E Major BWV 854, Johann Sebastian Bach

Track 2: Sonata in c minor, Op. 13 Grave, Ludwig van Beethoven

Track 3: Etude in c minor, Op. 10 No. 12,

Frederic Chopin

Track 4: Prelude in g minor, Op. 23 No. 5, Sergei Rachmaninoff

2) Research paper that I wrote and submitted to the 2012 Siemens Competition in Math, Science, Technology and the 2013 Intel Science Talent Search. I won the top individual prize at the National Siemens Competition in Washington, D. C.

I began my research project at the beginning of the 2012 summer and worked full-time throughout the summer (except for several weeks, when I attended a piano camp and a mathematics camp). I also worked on my project throughout the fall semester of my senior year of high school. My research experience began when I was invited by Dr. Nancy Amato (contact information listed below) to join her Parasol Laboratory in the Computer Science Department of Texas A&M University. There, I worked with undergraduate and graduate students in the laboratory setting and co-authored a paper, similar to the one enclosed, that was submitted to the International Conference on Robotics and Automation.

This research project solidified my interest in computer science. I enjoyed the research process, which inspired me to continue doing research during the spring semester of my high school senior year and in college if possible. I was glad that I had the chance to use my computer science knowledge to solve real problems and contribute to the scientific community.

68. 麻省理工学院补充申请文书

MIT Application for Freshman Admission
麻省理工学院新生入学申请表

1　We know you lead a busy life, full of activities, many of which are required of you. Tell us about something you do simply for the pleasure of it. 我们知道你过着忙碌的生活，有繁多的活动需要你参加。跟我们谈一些你只是为了乐趣而做的事情。

［答］　I solve Rubik's cubes for enjoyment. When I am waiting in line or walking long distances, my mind busies itself with speedcubing. People often inquire why I enjoy solving the same cube hundreds of times. It is for the same reason why people play tennis or chess or golf -every solve is different and engages the mind in a unique manner. Additionally, different puzzles provide unique challenges. I can solve a wide variety of twisty puzzles and never hesitate to pick up a new one when I get the chance.

2　Although you may not yet know what you want to major in, which department or program at MIT appeals to you and why? 虽然你可能还并不知道你想主修什么专业，但麻省理工学院的哪个系或学习规划对你有吸引力，为什么？

［答］　I am most interested in computer science. I first became hooked when I taught myself to program my calculator and took several online programming classes in middle school. Throughout high school, I also participated in the USA Computing Olympiad, qualifying to compete in the Gold Division in my junior year. During the past summer, I began working as a student researcher at a lab in the Computer Science Department of Texas A&M University, and the ongoing research experience has solidified my love of computer science. With sufficient knowledge, one can make computing an invaluable tool in all aspects of life.

3 What attribute of your personality are you most proud of, and how has it impacted your life so far? This could be your creativity, effective leadership, sense of humor, integrity, or anything else you'd like to tell us about. 你个性中的哪个方面是最值得你骄傲的？至今为止它对你的生活产生了什么影响？这个方面可能是你的创造力、有效的领导能力、幽默感、正直感或其他任何你想谈及的方面。

［答］ I enjoy being a leader. When I realized that our school math club participation was dwindling during my junior year from a lack of interesting activities, I volunteered to give weekly seminars of my own creation on various math topics. Almost immediately, I was proud to see the math club spring to life. As the captain of our Science Bowl A Team, I have the responsibility of making sure that the team is sufficiently balanced and prepared in the different fields of science. A varied scientific background among team members and high team cohesion are necessary elements of a good Science Bowl team. Although not an easy task, serving as Team Captain allows me to ensure that we will represent our school well. I was also selected to be the Texas ARML (American Regional Mathematics League) Gold Team Captain in 2011. I had brought a set of poker chips and initiated a large game during our free time. The Texas ARML coaches observed my interactions with the other team members and trusted me with leading the best students in Texas. I practiced with the team and coordinated group efforts during the team rounds of competition, leading the Texas Gold Team to win first place at the Iowa competition site. Through these leadership positions, I have learned to better communicate with others, whether through teaching, asking questions, facilitating discussion, or directing. I feel comfortable speaking to large groups of people, a talent I attribute to my leadership experiences.

4　Describe the world you come from, for example, your family, clubs, school, community, city, or town. How has that world shaped your dreams and aspirations? 描述一下你周围的生活环境，如你的家庭、会所、学校、社区、城市或城镇等。那个环境如何塑造了你的梦想和抱负？

[答]　I was seven years old when I first visited the Texas A&M University Chemistry Open House, an annual public event featuring demos, interactive exhibitions, and lectures. I watched with amazement as a green froth rose from a large graduated cylinder like a dragon leaving its nest. Drawn into science, I went home that day full of questions and excitement. Throughout my life, I have had many similar learning opportunities created by volunteers sharing their undying passion with others. Demonstrations at the A&M Physics Festival introduced me to the wonders of electricity and astronomy, the Olympic gold medalist Jason Lezak improved my stroke in a swim clinic organized by our swim club, and a Van Cliburn Competition medalist enhanced my musicality in a piano master class in our city library. Each of these activities has added dimension to my life. The African proverb, "it takes a village to raise a child," surely rings true. I strive to give back to the village that supports me to this day. Through weekly school recycling efforts through Key Club, peer tutoring in math and science, volunteering in swim meets, at the local public library, in school-hosted academic competitions, and various community service activities in the city, I will always remember and support the community that has shaped me into who I am.

5　Tell us about the most significant challenge you've faced or something important that didn't go according to plan. How did you manage the situation? 谈一谈你曾面临过的最大的挑战，或者一些重要的、又没按原计划进行的事情。你是怎样去处理这种情况的？

［答］　With a multitude of difficult classes and

extracurricular activities to juggle, managing my time has been my most significant challenge. After school, I often must attend Math Club, Science Bowl, Key Club, Science Club, and National Honor Society meetings. I try to attend swim practice whenever I can and still find time to practice piano. During my senior year, I added work as a student researcher at Texas A&M to my list of activities. I often wonder how I manage so many responsibilities on top of my coursework. It certainly is a significant challenge; I do not always succeed at managing my time, sometimes staying up late to finish required work. Yet, through my hectic schedule, I have learned that balance and sacrifice are necessary. When I cannot attend club meetings, although I feel disappointed, I know that cramming too much into one day will lead to disaster. I also learned to better use my resources. Instead of spending large amounts of time alone on a concept I do not fully understand, I seek help from my peers, teachers, parents, or the internet. I also found that studying with others in subjects such as history and English is often more efficient, since the flow of ideas between peers feeds itself in a synergistic manner. My packed schedule during high school is indeed a source of anxiety at times, but knowing how to cope with loads of responsibilities is a necessary skill.

6　No admission application can meet the needs of every individual. If you think that additional information or material will give us a more thorough impression of you, please respond on separate sheets. 没有任何入学申请表能满足每个人的需求。如果你认为额外的信息或资料有助于我们更全面地去了解你，请在附页中填写。

［答］ An abstract and layman's description of my research are provided below. With this project, I won Individual First Place at the 2012 National Siemens Competition in Math, Science, and Technology.

Title: Lazy Toggle PRM: A Single-Query Approach to Motion Planning

Abstract: The motion planning problem involves finding a valid path for a moveable object among obstacles (e.g., planning safe motions for assembly-line robots in a factory setting). Probabilistic RoadMaps (PRMs) are quite successful in solving complex motion planning problems. While particularly suited for multiple-query scenarios (i.e., those where multiple paths must be planned in the same environment), they lack efficiency in both solving single-query scenarios and mapping narrow passages (e.g., doorways between rooms). Two PRM variants separately tackle these gaps. Lazy PRM reduces the computational cost of roadmap construction for single-query scenarios by delaying roadmap validation until query time. Toggle PRM is well suited for mapping narrow spaces by mapping both the free space and the obstacle space, which gives certain theoretical benefits. However, fully validating the two roadmaps can be costly. In this paper, we present a cohesive strategy, Lazy Toggle PRM, for integrating these two approaches into a method which is suited for both narrow passages and efficient single-query calculations. We demonstrate the effectiveness of Lazy Toggle PRM in a wide range of scenarios, including those with narrow passages and highly complex environments, concluding that it is more effective than contemporary methods in solving difficult queries.

Layman's description: Over the past several decades, motion planning has developed into an important research field in robotics. The motion planning problem involves finding a valid (usually meaning collision-free) path for a moveable object (such as a robot or protein) in an environment of obstacles. In robotics, motion planners can be used to efficiently plan the motions of robots associated with assembly lines, search-and-rescue missions, medical robotic surgery, and robotic personal assistance. Motion planning is widely applicable even outside of robotics. For instance, planners can model the folding of proteins and create realistic movements for virtual characters in video games.

A widely used method to solve motion planning problems is the Probabilistic RoadMap (PRM). While PRMs are well-suited for multiple-query scenarios (those where multiple paths must be planned within the same environment), a large amount of precomputation makes them inefficient in single-query scenarios. Additionally, PRMs generally have difficulty with narrow passages, such as small doorways between rooms. Two

PRM variations separately address these issues. Lazy PRM boosts efficiency in single-query scenarios by delaying parts of the precomputation until absolutely necessary. Toggle PRM improves planning through narrow passages by using information about the obstacle areas to infer the structure of narrow passages. In this paper, we present a new PRM variation, Lazy Toggle PRM, that concurrently utilizes strategies from both Lazy PRM and Toggle PRM. Algorithmic analysis shows that the new algorithm retains the benefits provided by the two strategies. We performed experiments and analyzed the efficiency of Lazy Toggle PRM, concluding that it is more efficient than other existing methods in single-query scenarios involving narrow passages. The strength of Lazy Toggle PRM is most evident in highly complex environments, where it solved queries more than twice as fast as the best of the other methods tested. Thus, Lazy Toggle PRM has profound impacts on motion planning as real-world applications continue to increase in complexity.

第十四章

斯坦福的校园生活

想象力比知识更重要，因为知识是有限的，而想象力概括着世界的一切，推动着进步，并且是知识进化的源泉。严格地说，想象力是科学研究的实在因素。

——（美国）阿尔伯特·爱因斯坦

一味地挖苦、贬低，会导致孩子的反抗，反对父母，反对学校，或者反对整个世界。

——（意大利）乔尔丹诺·布鲁诺

69. 哈佛寄来的录取通知书

12 年级的中期虽然正处严冬，却迎来了儿子的收获季节。有的结果在我们预料之中，有的是我们始料未及的。也许这句话是对的，人生并不能完全靠设计，不是每次努力都会有想要的结果。但有一点可以肯定，投入多了总会有所收获。

12 年级第一学期刚结束，忙碌的美国本科申请也随之落下了帷幕。许多高中生一边忐忑等待着心仪大学的录取消息，一边在憧憬即将到来的独立生活。西门子决赛结束时，正临近美国高校正式发放第一批录取函。

几天后，斯坦福大学按时向提前申请的学生发出了录取通知书。在录取信的签名处，斯坦福大学招生办副主任弗洛雷斯女士（Ms. Flores）给儿子加了这么一段亲笔评语：

> From piano to math and swimming to computer science, it is clear that you approach all of your interests with passion and curiosity. We'd be fortunate to have you join our fabulous freshman class!（从钢琴到数学、从游泳到计算机科学，你显然都对它们倾注了你的激情和好奇心。我们很幸运有你加入到我们优秀的新生团队！）

过了一个月，儿子又收到了哈佛大学寄来的一封信。掂量着那个信封，我和妻子都觉得有点蹊跷。我很想拆开看看，但还是觉得该等儿子回家再说。我们边等边猜测起来：按照常规申请的规定，哈佛大学应该在 3 月底才发放录取通知书，再加上这封信很薄，不像是录取信函……而最可能的是儿子寄出的申请材料中遗漏了什么东西，也许哈佛大学来信向他索取。

儿子回家拆了信，原来这是哈佛大学招生办主任菲茨西蒙斯先生（Mr. Fitzsimmons）特地给儿子透个信：告诉儿子已被录取了，正式录取通知书将在 3 月底寄出，还亲笔写了“Hope to see you at Harvard（希望能在哈佛见）”我把那信念了好几遍，还是难以置信哈佛大学会提前给他透露被录取的消息。

在 3 月底发出的正式录取书中，哈佛招生办的亚当斯女士（Ms. Adams）附上了她的贺卡。她自我介绍说自己就是评审他的招生人员，很高兴能了解他所做的一切。她最后留了个亲笔评语：

> I loved your supplemental “Dear Roommate” letter. It was one of the best I read all year!（我喜欢你在补充材料中“亲爱的室友”那封信，它是我全年读过的最佳短文之一！）

儿子不久也收到了麻省理工学院和得克萨斯大学奥斯汀分校的录取书。在他申请的 4 所大学中，3 个学校给予了相当诱人的奖学金。

70. 面对三所名校的选择

申请大学的时候是学校选择学生，现在到了学生选择学校的时候了。儿子此时已到过哈佛大学、斯坦福大学和麻省理工学院的校园，对这三所大学有了更详细的了解。我们都觉得去其中的哪一所都不会有错，但毕竟还是要做一个选择。

哈佛大学在美国的东海岸，位于马萨诸塞州波士顿旁的剑桥城，是美国最古老的大学之一，它的校史比美国历史还长140 年。哈佛在医学、生物、商学、法律、数学、物理、建筑学、心理学、政治和社会学等领域拥有崇高的学术地位。校园面积占 20 平方千米，有近 7 千名本科生。

麻省理工学院紧挨着哈佛大学。它成立于 1861 年，是当今高科技研究的领军学府之一，在计算机科学、数学、物理学、化学、生物学、工程学、经济学和管理学等领域享有极高的声誉。相对来说，麻省理工校园小了点，只有 0.7 平方千米，但人数不少，有近5 000 名本科生。

斯坦福大学位于美国的西海岸，坐落在加州海湾区，距旧金山 50 公里。斯坦福大学创建于 1885 年，在计算机科学、商学、工程学、生物学、化学、物理学、数学、心理学、经济和政治等领域位列前茅。斯坦福校园占 30 多平方千米，有超过7 000 名注册本科生。

斯坦福大学奠基了象征 21 世纪科技精神的硅谷。斯坦福大学在 1951 年首创了“高科技园区”的概念，鼓励工业界及其校友在那儿设立公司，提供学生研究项目和实习机会。这一发便不可收拾，如雨后春笋般的公司很快超出了园区的承受能力，它们便向外延伸，造就了当今全球家喻户晓的硅谷。

这 3 所大学在许多方面不相上下，但在某些层面，特别在专业特点、教学理念和大学环境等各有不同之处。在学科方面，相对而言麻省理工偏理，哈佛偏文（难怪哈佛早期曾想吞并麻省理工），而斯坦福则稍全面些。不过哈佛大学与麻省理工学院只有一街之隔，两校的学生都可以在对方注册选课。在环境方面，哈佛和麻省理工学院临近波士顿繁华都市，而斯坦福大学离旧金山也不算太远，其庞大的校园像一座具有美丽田园气息的公园。波士顿四季分明，但有漫长的严冬和暴风雪；旧金山海湾四季如春，但是个多地震地带……

综合各种因素，我与妻子认为斯坦福大学相对来说更适合儿子，他自己也这么想。但他还是反复斟酌，最后才决定赴斯坦福就学。

在离家上大学前夕，妻子帮儿子整理书房和书架。虽说是书架，但除了顶层一排存放着儿子的书籍，其他所有地方都用来存放他过去喜欢的玩物和获得的奖品。突然，他妈妈找到了儿子小时候不愿出售的那幅小鸟临摹画，兴奋地问他该在哪儿把它挂起来。

“哦，这有点傻，就不要了。”听了儿子这么一句漫不经心的答复，我和妻子面面相觑，不知如何应答。也许，父母都想留住孩子年幼时的美好回忆，总习惯往后看，而孩子就只顾着朝前走……

71．斯坦福的校园生活

儿子在斯坦福大学开始了他的大学生活。我们从帕罗阿托市（Palo Alto）出发，穿过一条马路后，就到了斯坦福大学的正门。一进校门，迎面而来的是一条宽阔的绿荫大道，高大笔直的棕榈树沿道亭亭而立。到了校园深处，斯坦福大学就给人一种安宁和大气的印象。那里没有汽车和喧哗，只有漫步的参观游客，以及看书和骑车的学子。

校园里一片片宽阔的绿荫草坪，被一组组五彩缤纷的花坛点缀着。一栋栋有着长长回廊和红褐色屋檐的古老建筑给校园增添了浓郁的地中海风情。在理工教学区，我们却看到了另一派景象。彰显现代元素的建筑群把我们拉回到了科技蓬勃的21世纪。整个校园融合了古典与现代的韵味，既恰到好处又相得益彰。在蔚蓝天色的衬托下，斯坦福校园成了一座优美的公园，一幅色彩相宜的风景画。

儿子的志向是计算机科学，他确定的第一门课却是他的钢琴课。早在入校前，斯坦福大学的一位音乐系教授就给儿子写了封信，称自己是审听补充材料中钢琴曲的老师。教授赞他弹得很有激情，称：若想继续深造，欢迎去他那儿上钢琴课。这正合儿子的心意，他一直在愁入学后该怎样继续学琴。

与其他学校相比，斯坦福有得天独厚的条件让学生继续练钢琴。校园有两百多架钢琴，其中一些还是很不错的三脚架钢琴。除了一部分放在音乐系供修课的学生专用以外，绝大多数钢琴被安置在校园的各处，供所有学生使用。在斯坦福大学内，几乎所有宿舍楼内都有钢琴。

斯坦福大学在教学上有三大特点。首先，它采用了学季制(Quarter System)。学季制把一学年分成春夏秋冬4个学季，但大多数学生在夏季不修课。据美国校园书店协会统计，近15％的美国高校采用了学季制。

学季制的最大好处是能让学生尝试更多的课程，有更多的机会开阔眼界。由于“学季”比“学期”的时间短，学生一旦发现对哪门课不感兴趣，也只要坚持一下就过去了，不会太浪费时间。如果特别喜欢一门课，觉得时间太短而学得不够深，以后可以再选修一门更高级别的课程。

斯坦福大学第二大特点是它的人文教育。它尤其重视学生的写作能力，写作课是斯坦福新生的必修课。新生有两个选择：在头两年，每年挑一个学季修一门“写作与修辞”课程（Program in Writing and Rhetoric，简称PWR），或者在第一年选择“结构性通识教育”（Structured Liberal Education，简称SLE）课程。无论是哪门课，都有大量的阅读和写作任务。斯坦福认为文科生要能笔下生辉，而理工科生也该文从字顺。

斯坦福的第三大特点是“诚信制度（Honor Code）”。斯坦福让每个人都认识到自己是诚实优秀的学生，不会做出作弊等事。我曾好奇地问儿子：“平时做作业时是否有学生抄袭？”他告诉我说：“有学生遇到难题时，会与其他同学讨论题意，但不会具体讨论怎么去做题。”老师在考试的时候也不会去监考，一般发完考卷后就离开了考场。当然，学生有问题可找老师，而像上厕所或到外面走走透透气之类的都无须请示。有的考试像课外作业，按期上交就行了。儿子最后说：“还没看到或听说过有学生作弊的。”

学季制塑造了斯坦福独特的校园文化，其中尤为突出的就是有名的“斯坦福鸭子综合征（Stanford Duck Syndrome）”。斯坦福学生如同鸭子，湖面上的鸭身总显得格外悠然自得，可湖面下的鸭掌一直在不停地划水。对于前半个现象，我在校园走访期间就有所目睹。第一次访问斯坦福的时候，我发现那里的学生悠闲轻松，猜想他们的压力不会大到哪儿去。后来招生办人员不止一次告诉大家那只是表面现象，提醒家长和学生要做好足够的思想准备。

我一开始对“斯坦福鸭子综合征”是半信半疑的。了解了儿子一年的大学生活，才知道这并非是夸大其词。像许多学生一样，儿子通常过了午夜才睡觉，有时熬通宵也不足为奇。由于学季比学期短，一个学期的课程就自然被压缩在一个学季内讲完。但我后来发现，忙碌的最主要原因还是学生选修了太多的课，或者是太投入自己想做的事。

例如，儿子在音乐系选修了钢琴课，每星期要花不少时间上课和练琴。他又对爱因斯坦的相对论感兴趣，就选了那门物理课。几乎每天，他都把日程排得满满的。我们多次提醒儿子可放慢节奏，却收效甚微。这很像在美国高中，许多忙碌都是学生自找的。

斯坦福的学生不但会自找忙碌，而且擅长自找乐趣。好多人过着一种“尽力学习、尽情玩乐”的生活，大家忙到午夜，又乘兴一起去吃夜宵。一旦有点空闲，他们不是聚会就是看电影，或者去旧金山逍遥一天，到头来还是过了午夜才睡觉……难怪 2012 年《美国新闻周刊》杂志把斯坦福评为美国最快乐的高校。

72. 参加国际机器人和自动化会议

当我们结束旅程，从上海回到斯坦福才一个多月，儿子来电说他又要去中国，这次是去参加 5 月底在香港举办的“国际机器人和自动化会议”。该年会讨论机器人的最新发展和成果，是此领域影响力最大的国际会议，有来自包括斯坦福大学、麻省理工学院和哈佛大学等高校和科研机构的几千名专家学者参加。儿子与博士生乔瑞、阿马托教授提交了他们第二篇关于计算机导航的论文。作为论文的第一作者，儿子要去宣讲论文。

但很不巧，这次会议与学校春季的季末大考冲突。儿子须先获得所有授课老师们的同意，才能确定行程。我们考虑到就算老师们都同意了，他回校后还得补交所有拖欠的作业并参加季末考试，就劝他慎重考虑，但他还是请了一星期的假，在5月底飞往香港。

会议一结束，儿子马上飞回旧金山。他没有时间多逗留一天，学校有好多作业和补考在等着他。我很惋惜地对儿子说："你大老远地去香港一次，可惜没空去游览一番。"儿子安慰我说，他还是挤出时间去看了一些景的。一位曾在斯坦福夏令营结识的香港同学，陪着他在那里兜了大半天风，也到太平山顶观赏了香港的夜景。

73. 在谷歌实习

2014年的上旬，谷歌和脸书公司都邀请儿子参观它们的公司，提供他实习岗位。谷歌公司提供学生两类暑期实习岗位，主要区别在于学生的工作经验和岗位赋予的责任度。一类是"大学新生的工程实习"，专门招聘无经验的大一学生；另一类是"软件工程实习"，实习生同正式员工一样需要独立完成编程工作。

鉴于儿子以前的工作经历，谷歌给了儿子"软件工程实习"岗位，有四个领域供他挑选。其中之一是安卓移动平台，儿子对此尤为感兴趣。移动平台是互联网发展的主要方向，而安卓是全球增长最快的移动平台。他慎重考虑后，接受了谷歌公司的 offer。

谷歌总部坐落于硅谷的山景城（Mountain View），位于斯坦福大学的东南方，两处仅隔十公里。儿子每日晚去晚归，早晨九点半在校园乘谷歌专车，十点之前到达办公室，拿些早点便开始工作；晚上七点半前用完餐后再搭专车回校。

一天傍晚，我在家突然接到斯坦福大学急诊室打来的电话，问我要儿子的医疗保险信息。我惊讶之余赶紧问："他出了什么事？""哦，对不起，我没授权告诉你，这是恺昇的隐私。"真是又好气又好笑，看来孩子已成人，家长就只有付账的份，却没有"知道为什么要付账"的权利。

与儿子通话后，我们这才知道他受了伤。原来，脸书公司邀请一些大学生参加公司主办的娱乐活动。儿子在那儿玩得太欢，不小心扭伤了腿。他的膝盖不仅有明显的浮肿，还脱了臼，最后被急救车送到了医院急诊室。

儿子却认为这点伤无关紧要，让我们别介意。可急诊室的医生认为必须尽快治疗，否则极可能会留下后遗症。他妈妈找了一位斯坦福大学治理受伤运动员的专科医生，但我们还是放心不下，急匆匆赶到斯坦福大学，拉他去复诊并做理疗。

借此机会，儿子带我们参观了谷歌园区，为我们引见了他工作组的领导，最后一起在那儿用了晚餐。谷歌总部给我的印象很深，它的布局像一个具有特色的大学园区，谷歌也称其总部为"谷歌校园"。

谷歌的免费福利五花八门，几乎应有尽有。总部二十四小时免费供应所有饮料食品。无论在哪个办公室，几乎每隔几十步就会碰到零食间，找到各式巧克力、糕点、纯果汁和牛奶等食品。那里有几十家由高级大厨掌勺的餐厅，大厨们一日三餐精心筹划，想方设法翻新花样以满足来自各国员工的口味。他们提供的菜单中有意大利菜、中国菜、日本料理、韩国料理、墨西哥菜和印度菜等。

除了丰富的食物，园区内还备有齐全的保健娱乐等设施，其中包括医务室、托儿所、理发室、洗衣房、按摩室、健身房、游泳池、沙滩排球场、游戏室和钢琴室等。谷歌还经常安排各种业余活动，如组织暑期实习生去旧金山湾乘坐豪华观光游艇。

谷歌和许多新兴高科技公司有不同于传统大公司的文化，不靠传统管理机制去约束员工，而靠员工自身的工作热情来自我管理。他们鼓励员工打造共赢的企业文化，让大家自然成为忠诚的员工。那里没有通常意义的考勤制度，有的员工上午十点上班，有的自愿加班到午夜，员工也可以暂时离岗处理各种私事（如照料孩子等）。当然，员工的薪酬是与对公司贡献的大小挂钩的。

谷歌在 2011 年度被评为“最让员工感到幸福的美国公司”，得到全球大学生的追捧。根据福布斯 2014 年的报道，谷歌每年有超过两百万的求职者，比入哈佛和斯坦福大学还要难十倍。这也不奇怪，年轻人在那里不但能获得极高的薪酬和丰厚的福利，而且能真正学到技能和找到用武之地。

在参观园区期间，我试探地问儿子：“你在谷歌具体做什么？”他先低头微笑不语，随后一脸笑嘻嘻地说：“根据合同，我是不能具体讲的，只能说做与‘Google Play Store（谷歌在线商店）’有关的事。”是啊，作为谷歌大家庭的一员，人人都对自己的工作守口如瓶，连家人也不能告诉。美国媒体对此早有报道，我只是忍不住想打听。

与儿子小别之前，我对他说，不必刻意提前毕业，大学经历只有一次，可以去慢慢体验。儿子透露了他后面的计划，他打算修中文课，暑假想去做辅导中学生的公益工作……至于以后的专业，他觉得自己对人工智能方面的研究最感兴趣。

我与妻子觉得儿子的计划不错，期望他能继续像他名字“恺昇”那样，一直保持着快乐进取的状态。

第十五章

父母应该站得高，看得远

人类本质中最殷切的需求是渴望被肯定。

——（美国）威廉·詹姆士

成功的欢乐是一种巨大的情绪力量，它可以促进儿童好好学习的愿望。请你注意无论如何不要使这种内在的力量消失，缺少这种力量，教育上的任何巧妙措施都是无济于事的。

——（苏联）瓦西里·亚历山德罗维奇·苏霍姆林斯基

74. 家庭教育，从起名字开始

可以这么说，我们的家教，最早可以从给儿子起名字那一天开始算起。

人的名字蕴含了父母的期许，海外华人一般先想好了孩子的外文名，再起发音相近的中文名，如 David 的中文译音是大卫。但我与妻子都觉得汉字比英语更富有内涵，就想先给儿子起个中文名再说。

我们希望给儿子一个既能“快乐”又能“上进”的成长环境，很想把这一愿望反映在他的名字上。儿子出生前一个月，我们想到了“恺昇”这两字。不知为什么，它像是个久违好友的名字，总有一种说不出的亲切感。当然，与“恺昇”发音相近的英语译音根本不是英文名，在美国没听说过有人叫这个名字的，但我们却觉得这名字挺好的。我们想借此鞭策自己，希望在将来的育儿过程中不忘初衷。从某种意义上说，这个名字是我们能给儿子的最宝贵礼物。

在孩子出生前，我们就先想好了自己是想成为“木匠”“花匠”，还是“甩手匠”。

他们之间有什么区别？

在木匠眼里，树只是材料，而不是活生生的生命，总想把木料雕琢成自己想象中的摆设。花匠懂得树苗是有生命的，它们将来有各种潜在的可能。尽管不知道将来到底长成什么样，花匠一直小心翼翼地呵护着树苗，给足时间让它们按自己的特性生长，等待它们茁壮或绽放。而“甩手匠”则很潇洒，觉得就应该让孩子“自生自灭”。

美国研究员做过一个对中国有特别现实意义的实验，你是否能看出其中哪个老师是“木匠”，哪个老师更像“花匠”？

实验是这样的。老师将幼儿们分成三组，学习各种几何图形（如三角形、四边形之类的），希望孩子能因此掌握它们的几何特征。

第一组的老师像常规上课一样，循规蹈矩地讲解三角形的特点，五边形的特征，等等。

第二组的老师什么也不讲，只是把各种多边形图像丢给孩子们，让他们自己去玩。

第三组的老师很活跃，暗示孩子去发现图形的规律。老师引导孩子找出各种多边形的共同点和不同点，鼓励孩子说出每个形状有几条边，说对了老师就给予鼓励，借机对孩子们重点重复那个几何形状的特征。等孩子们都能辨别出那些图形了，老师再一边总结规律，一边提问题，激励大家去思考。

几天后，研究员去测试幼儿们记住了多少种形状，结果发现第三组的教学效果不但最好，而且要好很多。显然，第一组的老师像木匠，满足于把学生“圈养”起来，再把知识点机械地往学生脑子里“刻”，视学生为被动的、没有思想的木头；第二组的老师像甩手匠，采用放养形式，任凭学生“自生自灭”；而第三组的老师更像花匠，用管放有序的互动方式，引导着孩子探索学习。

作为家长，你希望由哪一组的老师来培养你的孩子？你想成为木匠类的家长，还是花匠型的父母？

75. 怎么教是一门大学问

在“教育”这一词中，“育”是指培养，那“教”又是什么意思呢？文字的内涵是古人智慧的缩影，中西方赋予“教”的不同含义，也反映出了人们在认知上的差异。正如法国作家雨果在《笑面人》中说的，历史是过去传到将来的回声，是将来对过去的反映。

鉴古能知今，知彼而知己。通过比较“教”这一字的原意，就能领会中西方教育观的不同渊源，从而了解这种差异是如何影响对下一代教育的。

甲骨文中“教”这个字，形象地告诉我们中国古人是如何理解施教的。左上方的“爻”代表教的内容（占卜或八卦），左下方的“子”代表教的对象（小孩），右上方的“/ ”象征鞭策的工具（棍子），而右下方的“十”象征施教者（手）。在这里，教就是“老师拿着棍子去鞭策孩子学习”。这是一种“由外往里灌”的施教文化：用填鸭式的方法让学生变得知识渊博。

当然，中国古代也有循循善诱的教育家，“循循善诱”这一成语就出自于春秋时期。孔子的得意门生颜渊曾这样称赞他的良师："夫子循循然善诱人，博我以文，约我以礼，欲罢不能。"孔子用深入浅出的方法，让他的弟子发自内心地想学。遗憾的是，孔子"循循善诱"和"因材施教"的理念没能在中国土壤上生根开花。

在西方，"教育"也有两层含义。英语中的 educate（教育）是由拉丁文 ēdūcere 和 ēdūcare 演化而来的，前者指 lead out（把思想引导出来），而后者指 train（训练或培养），所以教育是"引导和培养"的意思。其中的教就是"把学生的思想引出来"，这是一种"由内往外引"的施教理念：通过演示让学生悟出规律的方法。

一个典型例子能清晰表明中西方教学的差异。在科普课上，中西方老师都要求学生学习"植物生长的条件"。西方的老师会这么去教：拿几个花盆各种下一些种子。把第一盆放在窗台上，每几天浇一次水；第二盆也放在窗台上，但不浇水；而第三盆则放在不见光的橱柜内，每几天去浇一次水。不必多费口舌，这三盆植物的命运在学生眼中是一目了然的了。

有了这些感性认识，老师再启发学生提出别的方法，让他们进一步认识植物的其他生长条件。有的学生会提议给一盆花施肥，而另一盆不施肥，比较它们对养分的依赖；有的会建议将植物放入不同的温度环境，考察它们对温度的需求，等等。这种教法显然慢了很多，却能让学生了解发现规律的过程和手段，鼓励他们从小获得独立分析的能力。

而在中国的一些科普课上，老师通常会照本宣科地教，学生就如背诗一样地学："植物的生长需要阳光、空气、水……"就这样，老师只顾给学生添加知识点，如同组装工不停给产品增添零部件。这就是满堂灌式的教育，它也许能让学生变得知识渊博，成为善于模仿的能工巧匠。但知识填得太快，想象力就跟不上了，也就没了独立思考的能力和探索的激情。

这让我想起一个故事。一个西方考古队为了探寻土著印第安人的印加文物，聘请了当地的长老做向导。走着走着，长老突然停了下来。考古学家们不解地问："怎么就不走了？"长老沉默了一会儿，然后意味深长地说："走得太快，灵魂落在了后面，得等等它。"在教育中，这个灵魂就是孩子的思想，他们的好奇心，他们的想象力。

教育不应以堆积知识为目的，美国教育学家杰罗姆·布鲁纳（Jerome Bruner）对此有个精辟的见解。他曾说，教育的目的不是把学生的脑袋变成移动图书馆。学习的真正目的不是了解结论，而是学会获取结论的方法。

中西方的教育差异造就了两类不同的优秀学生。西方的优秀学生从小在"由内往外引"的环境中受熏陶，有了独立思考的能力。相比之下，中国的优秀学生长期在"由外往内灌"的环境中求生存，学会了如何去了解别人的观点，却很少有属于自己的想法。

有一篇标题为"中国学霸在美国为什么会得零分"的文章，它记载了中美在教育文化上的冲突。一位成绩优异的中国学生，曾在国内一所名牌初中上学，后来随父母赴美，转到了美国一所中学就读。一天，美国老师布置了第一个研究性质的作业，要求学生用两星期的时间，完成一篇不少于七页的、关于"古代文明怎样影响现代文明"的小论文。

这位学生非常用功，到图书馆借了一大堆书籍和期刊，又在网上找了大量资料，几乎天天都在为此忙碌。功夫不负有心人，该学生终于完成了一篇长达五十页的论文："中国四大发明如何影响现代文明”。但学生和家长都没想到，事态却由此急转而下。

美国老师判定该论文纯属抄袭，不仅要给零分，还可能给停学处分。在西方，论文是“作者阐述和论证自己的观点”，而不是“罗列归纳别人的观点”。这件事涉及诚信的问题，也因此会影响那孩子以后入读美国名校的机会。美国老师拿出证据说，这篇“论文”全由抄袭而来的段落堆积而成，根本没有学生自己的观点和推理。

该学生的经历折射出中西方理念的差异，也一针见血地道出了中国教育的通病。之前，衡水学校进军浙江成了媒体的一个热议焦点。衡水中学被称为“高考工厂”，该校老师为每个学科精心准备了大量朗朗上口的口诀表，像数学中的“求差与0比大小、作商和1比高低”等，把口诀化教育发展到了炉火纯青的地步。在唯考是从的社会，教学的唯一目的是应付考试。《南方日报》曾报道一位毕业于衡水高中的女生3年做过的试卷，它们叠起来竟达两米半之高。

死记硬背如同授人以鱼，看似效果很快，能在最短时间内获取大量知识，却很难学到能力。

76. 夸孩子也是一门学问

该不该夸奖孩子？怎么去夸？这是一门实实在在的学问。中国文化有个传统美德，当别人赞赏自己孩子的时候，家长常常会说“唉，差远了”或“不行，这次只是运气好”。孩子听了一定会纳闷，“又惹谁了，平白无故遭了一次数落！”

如果孩子不在场，类似这些应答也许无可厚非，有时也是个美德。但在孩子跟前，这种“谦虚”听来是一种责备。孩子尤其害怕在外人面前受到指责。人受批评多了都会产生自卑或逆反心理，孩子就更是如此了。教育学家因此告诫家长要维护孩子的自尊心，告诉他们“好孩子都是夸出来的”。于是“孩子，你真棒”就成了许多家长表扬孩子的常用手段。

但我平时不这么去赞扬儿子。有一天，我给儿子买了一件孔明锁（八卦锁）。这种智能玩具看似简单，但如果不留神，拆了以后就很难再将之拼合回原状。儿子刚拿到孔明锁，就迫不及待地把它拆了，后来怎么也组装不回去。我试了几次也没搞成，就跟他说“你慢慢玩吧”。说完后，我忙其他事去了。

过了近一刻钟，儿子拿着孔明锁到我跟前，得意地说：“弄好了!”我当时真想脱口而出“你真聪明”，却改口问：“你是怎么弄的?”儿子就得意地道出了其中的奥妙。听完后我夸他：“你比我更会动脑，我怎么就没想到呢!”

也许你不相信，经常夸孩子“你真棒”会给孩子造成意想不到的负面影响。斯坦福大学心理学教授德怀克（Carol Dweck）与同事在这个领域做了长期的研究。研究人员从美国各州挑出400多位五年级的小学生，让他们做了一套简单的测试题。研究员然后表扬了所有学生，对一半的孩子说“你们真聪明”，对另一半则说“你们很努力”。

研究员接着让这些学生去完成第二份测试题，但告诉他们这次有两个选项：一份试题有点挑战性，可能会做错，但能学到新东西；而另一份没有难度，可以顺利完成。实验结果令人惊讶：67%被夸“聪明”的孩子选择了没有难度的试题；相比之下，92%被夸“努力”的孩子选择了有挑战的试题。

经过大量跟踪案例，研究人员在表扬孩子方法上取得了共识。实验表明，表扬学生“聪明”无意中给了学生心理暗示，让学生觉得自己在他人心目中的形象是聪明的。这些学生以后就想维护自己聪明的形象，怕失败后别人会对自己产生失望。所以，他们更会倾向于挑选容易的事去做，而不愿花工夫去尝试有难度的事。生活总是这么作弄人，夸孩子“聪明”或“好棒”反而会让孩子缺乏自信和勇气。

每当想夸儿子的时候，我选择鼓励儿子的勤奋和付出。一次吃晚饭的时候，我给儿子编了个有关大米的故事。古代有一吝啬的粮商，家囤有十几吨的大米。粮商雇了许多长工，但他长年拖欠长工们的工资。一个长工不能再忍，就把他告到了法庭。法庭长判粮商有罪，问长工要索赔多少。长工想了想，说粮商应该赔他两吨大米。

粮商跳了起来，狂叫着：“怎么有那么多?!”

法庭长也说：“是多了点。”

长工想了想：“那这样吧，粮商第一天只需要赔给我一粒大米，第二天赔我两粒大米，第三天赔我4粒，每天赔我前一天的2倍，只需赔我30天就行了。”

吝啬的粮商把指头掰完了两遍，估算20天下来，一共也只有20公斤大米，心想长工就是不聪明，便欣然答应了下来。

“不过，我有个要求。”长工举起手。

“你不能反悔!”粮商喊道。

“好吧，”长工显得无奈的样子，“但我请求法庭派一位官员，监督粮商给我的赔偿。”粮商挑不出反对的理由。于是法庭长就签发了判决书，并宣告如果粮商不履行判决，要加倍处罚。

过了 20 天，粮商果然只赔了 20 公斤左右的大米。22 天过去了，粮商也总共赔了不到 100 公斤。粮商暗暗窃喜，可没过几天就发现粮仓渐渐的空了。到了第 30 天，粮商已无力赔偿。聪明的长工从此就成了粮商，但没忘那些曾与他共苦的长工，补偿了他们以前被拖欠的工资。

听完故事后，儿子半信半疑。我就趁机告诉儿子，一千克大米约有 5 万粒大米。他听后饭也不吃了，赶紧拿出计算器反复算。计算后他才知道，粮商在前 26 天一共赔了约 1 吨大米。在前 29 天，粮商就总共赔了约 10 多吨。在最后一天（第 30 天），粮商还需赔十吨，但此时已无力偿付。

表 1　粮商需支付长工的米粒数

天数	每天赔的米粒	累计赔的米粒	累计赔的重量（千克）
1	1	1	0.0
2	2	3	0.0
3	4	7	0.0
4	8	15	0.0
5	16	31	0.0
6	32	63	0.0
7	64	127	0.0
8	128	255	0.0
9	256	511	0.0
10	512	1 023	0.0
11	1 024	2 047	0.0
12	2 048	4 095	0.1
13	4 096	8 191	0.2
14	8 192	16 383	0.3
15	16 384	32 767	0.7
16	32 768	65 535	1.3

（续表）

天数	每天赔的米粒	累计赔的米粒	累计赔的重量（千克）
17	65 536	131 071	2.6
18	131 072	262 143	5
19	262 144	524 287	10
20	524 288	1 048 575	21
21	1 048 576	2 097 151	42
22	2 097 152	4 194 303	84
23	4 194 304	8 388 607	168
24	8 388 608	16 777 215	336
25	16 777 216	33 554 431	671
26	33 554 432	67 108 863	1 342
27	67 108 864	134 217 727	2 684
28	134 217 728	268 435 455	5 369
29	268 435 456	536 870 911	10 737
30	536 870 912	1 073 741 823	21 475

当然，其中的道理就是人们熟知的复利概念，也是高中数学中的几何级数增长问题。聪明的长工索赔的是每天100%的复利，可见复利的威力和长期高复利借贷的严重后果。

儿子验证后才说服了自己，这个故事听起来虽然离奇，却一点也没错。我那时就夸他："你这件事做得很好。"儿子不解地问："哪件事?"我继续夸："你不是听完故事就信，而去验证了。这就做得很好，否则你就很难真正体会到'倍增'的威力。"

好孩子是夸出来的吗？也许，但这取决于细节。夸孩子不能笼统地夸，夸不在点子上。如果夸"你真棒"，孩子可能没领会自己到底做对了什么，不知道以后努力的方向；如果夸"你真聪明"，孩子会觉得因自己聪明而受褒奖，以后会因害怕失败而回避挑战。所以夸孩子需要讲究策略，要夸努力而不赞扬能力，要夸具体行为而不只是泛泛表扬。

77. 美式放养与中式圈养

中美教育各有其长处，也都有其短处。由于教育文化和制度上的差异，中美两国的教育状况几乎是两个对立的极端。但两国在教育上都面临一个困境：该放任自由，还是该严加管教？这个难题至今未能得到有效解决。

通过进一步分析和比较，能让人们更好地看清两国在教育上的不足和弊病，或许能帮助那些关心教育的父母看到正确的家教方向。

许多家长想把小孩送到西方受教育，更有不少人追捧美国放养式教育理念。美国模式是否完全值得效仿呢？

要读懂美国的教育，就先要看清它的两面性：一方面，美国拥有世界顶级的教育资源；另一方面，美国社会和绝大多数家长并不怎么关心孩子的学业。除了体育和才艺表演之外，绝大多数美国家长并不怎么关注孩子在学校学了些什么，也不知道该如何去引导。他们认为孩子在学校学就足够了，回家后就该任其自由，让孩子过得快活。在绝大多数美国家长眼里，孩子不吸毒、不学坏就可以了。

美国教育文化的一个最大弊病就是过于放任自流。美国各州现在没有统一的最低教学标准，导致学生素质参差不齐，教育质量每况愈下。近十多年来，许多有识之士一直倡导美国中小学建立“共同核心教学标准（Common Core Standards)”，想借此敦促学校和家长多关注孩子的学业，希望至少能让大多数学生掌握最基础的知识和技能。但由于种种原因，不少家长和社会团体极力反对这个政策。当今的美国社会仍然为此喋喋不休地争论，而是否该有最低的教育标准竟然演变成了选举中一个敏感的政治议题。

美国社会强调学生自由有余，而造成他们学业不足，最后导致太多学生荒废了 12 年的中小学教育。在美国，学生不缺少童年的快乐，但这更像是“为快乐而快乐”。他们长大后才知道，那些快乐是需要他们用余生去偿还的。这也是当今美国社会一个热门的话题——为什么现在的美国社会缺少了让年轻人“往上爬的机会（Upward Mobility）”？事实是，美国社会并不缺少这些机会，而是太多年轻人缺少“往上爬”的能力。

从人口普查和高考统计数据中不难看出，美国每年有近 400 万适龄高中毕业生，但只有四分之一的学生真正够格上大学。几乎每年，美国媒体利用大学发放录取通知书的那几天，报道一些令人沮丧的事实。在 2012 年，《华盛顿时报》用醒目的大标题，直言不讳地提醒美国公众：“绝大多数 2012 年的美国高中毕业生都没有准备好上大学（The vast majority of the nation’s 2012 high school graduates aren’t ready for college）!”就算大学毕业了，许多人也只能做些临时工作。与此同时，美国大批高科技公司却苦于招不到合格员工，不得不每年恳求国会增加技术移民的配额。

冰冻三尺，非一日之寒。这种几十年积累下来的矛盾，终于在 2016 年的美国大选中爆发了，大选也自然成了那些人宣泄的渠道。许多选民认为，在过去几十年的全球贸易中，其他国家抢走了他们的饭碗。可他们全然不知，正是由于曾经荒废了自己的快乐童年，他们以后即使不被“全球化”淘汰，也会被“人工智能”边缘化的。就像有人曾说的，家长欠下的教育债，社会迟早会让孩子去还。

过度放纵的教育环境让太多孩子成了“脱缰之马”。在这种大环境下，不少赴美的中国留学生也难独善其身。美国文化决定了学校和监护人不太可能会刻意去挖掘孩子的潜力，学生怎么发展得靠自身的能动性。如果孩子还不成熟，就缺乏基本的是非判断能力，容易受环境或挫折的困扰。

我家附近的一所私立中学的国际留学生大多来自中国大陆。有两位住同一寝室的中国小孩，他们不知如何在宽松的环境中学习生活，为了些小矛盾大打出手，最后闹得不可收拾，但这不是最糟糕的。美国中学生吸大麻等现象极其普遍，一旦交友不慎就容易导致学业半途而废，甚至走上歧路。

美国的教育有许多亮点，但在造就少数开拓性人才的同时，也产出了大批被社会边缘化的下一代。因此，出国留学不应该是逃避应试教育的亡羊补牢之策。只有让孩子从小获得好奇心和求知欲，孩子才有可能在将来的留学中真正获益。

相比之下，中国社会并不缺少对孩子学业的那份操心，而是缺乏提升孩子学习兴趣的手段。中国教育的一大特征是特强调“刻苦学习”。古代悬梁刺股的故事早把刻苦学习描写得淋漓尽致。用意虽好，却传达了一个错误的信息：学习是苦的、学习是不快乐的！大家本着一切是为孩子好的愿望，奉行着圈养的传统，用“先苦后甜”推着孩子学习。孩子的学业和生活都被精心安排好了，他们只需按部就班地走，最后便成了笼中之鸟。

被圈起来后，学生整天为明天的“快乐”而痛苦。在上千年的状元情结笼罩下，大家唯考试是从，就连顶尖的高等学府也不例外。

中国学生的学习负担过重是一个老生常谈的话题。教育部也颁布了一系列减负的规定，在作业、考试和补课等方面对小学生的减负做出了相应的规定。这种减负政策表面上受到了社会和家长的认可，实际上给了许多辅导机构打了一剂强心针。名目繁多的应试补习班如小草遇到春雨，漫山遍野般地萌发了出来。家长们抱着“多学一点是一点”的心态，忍不住给小孩报上各种补习班，希望自己的孩子能在各种考试中略胜一筹，因而出现了学习负担越减越重的奇怪现象。

十多年的沉重压力导致了事与愿违的后果。有一篇“30.4％的北大新生竟然厌恶学习，只因得了空心病”的文章，又一次引发了大众对中国教育的反思。长期以来，中国学生从小受尽了“压迫”，高考后终于“翻了身”，却不幸患上了“空心病”。高考前，一切以考试为中心的价值观如同地球引力，紧紧把学生约束在地球上。高考一过，这种束缚突然被抽掉，大学生们就像被抛入无重力的太空，滋生出那些说不清理还乱的空虚感。

人的前半生本来应该是走上坡路的。从幼儿园、小学、中学，再到大学，学生越来越成熟，能承受的压力也应该越来越重。这是美国社会丢给优秀学生的一条路。尤其是美国名牌大学生，他们在大学所承受的学习负重和心理压力，是中国名牌大学生难以置信的。

但不少中国学生走的是下坡路。高考之日，是中国学生开始走下坡路之时。学生好不容易熬到高考，他们也早已厌倦了学习。考入大学后，大学生被彻底解放。在那里，学生陶醉于玩游戏、读小说等吃喝玩乐之中，社会也兑现了“先苦后甜”的期票。最终，中国高校成了一个偿还童年“欠债”的世外桃源，一段“一流进三流出”的教育贬值链。

在教育这件事上，父母如果欠了小孩太多的“快乐债”，孩子长大后就迟早会沉溺于各种消遣，去变相讨回他们被剥夺的童年。

78. 别让孩子累垮了

到了初中，其实对孩子而言就是碰到了一个转折点。初中是小学的提升，高中的铺垫，是小学与高中之间承上启下的桥梁。如果说孩子在高中将面临冲刺期，那么初中就是缓慢释放能量的阶段。

回顾儿子的小学生活，我觉得有这么一件事是最幸运的：那就是从小学一到四年级几乎没有回家作业！

我还记得小学老师不止一次敦促过家长：别让孩子 burn out（累垮了）。现在回过头来看，这一点相当重要。

记得有一次他外婆问：恺恺，你喜欢学习吗？

他回答道：喜欢。

外婆又问：你觉得读书苦不苦？

他又答道：不苦。

外婆再问：为什么不觉得苦呢？

他再答：好玩。

儿子的中文水平就这样了，只会一些简单的词句。

除了不被赶着“学”、学出怨气来，小学这几年也给了恺升宽松的环境去积蓄能量和打好自学的底子，使他能在初中初露头角。实际上这并不是偶然的，这个结果与相关教育理论和实验现象是相吻合的。

有一个相关的研究，它是一项发人深省的人工智能测试，人们想通过观察两种截然不同的训练方法，看看哪种方法最能帮助提高机器人的运行能力和抗压力。

其中一种方法是高密度的“短平块”学习，而另一种是缓慢有序的自发性学习。

实验的大概过程是这样的。研究人员在机器人中安装了人工智能系统，这种智能具备自主学习能力，其设计模拟了人脑神经传输系统，已被广泛用在主动驾驶和人脸识别等领域。

实验的目标很简单：要求机器人捡起前方一块布料。

在第一轮实验中，老师直接“手把手”教一台机器人学习捡布料。果然，机器人学得很快，利用剩余的时间反复操练完善，最后能非常娴熟地捡起布料。

而对第二台机器人，老师只告诉它要做的目标和简单步骤，让它自己慢慢摸索捡布料的窍门。不出所料，这台机器人一开始起步都困难，什么都得摸索着学习。它学得慢不说，还远不够另一台娴熟。

高潮在第二轮测试中开始了。研究员先把两台机器人推到在地：第一台“手把手”教出来的机器人接着很挣扎，连爬起来都困难，不要说完成给定的任务；而第二台自己探索学习的机器人较轻松地爬了起来，然后毫无困难地完成了任务。

研究员接着更狠，把机器人的一只手“砍掉”。第一台机器人更不知所措，根本不能在规定的时间内完成任务。而第二台机器人却没被难到，最后用另一只手捡起了布块。

为什么会这样？那是因为第二台机器人靠自己摸索着学，不得不学了很多在当时看来是非常无用、浪费时间的东西。它的“大脑”（电脑）因此储存着许多不同的经历（各种数据和链接），所以“思维”是发散的，使得机器人能利用早期获得的那些经验，让自己走出困境。而第一台机器人“大脑”很单调，只有一些所谓“很有用”的知识点。一旦出现状况和逆境，它的“大脑”在这方面是空白，思维也是单一的，根本没有经历可借鉴，所以显得非常弱不禁风。

这个开创性的研究给了人们这么一个启示：循规蹈矩式的学习会让人丧失活力，而探究式的学习能使人思维变活，有强的变通力，甚至很强的生存能力。也许是过度解读，但我觉得恺异在初中（尤其是以后高中）的那些经历或多或少佐证了这个道理。

79. 如何看待学校排名

在U. S. News美高排行榜上，儿子入读的 A&M 联合高中（A&M Consolidated High School）位于 1 400 名左右。也许在有些人眼里，上这种学校就已经输在了起跑线上。但与许多排名很靠前的高中相比，这个学校的教学环境更健康，也更适合我儿子发展。

普遍来说，亚裔家庭更重视子女的学业。在美国，许多“好学区”是亚裔学生云集的地方，导致某些学校亚裔学生的比例超过八成。与此同时，好多亚裔家长仍然沿用传统的家教方式。在羊群效应的作用下，东方的教育模式在那里逐步成了主流，而原来的好学区也难以幸免地成了学生们拼分数的战场。

近年来，这种东西方教育思想的冲突在美国越演越烈。前不久，美国社交网络流传着一段视频。在视频中，一名加州白人高中生憎恨平时的作业太多，竟然用脏话和种族歧视用语当面辱骂他的华裔老师。视频一出，立即在社会上引起了哗然。

《纽约时报》在 2015 年发表过一篇“新泽西学区想缓解学生压力，却揭示出种族的分歧”的文章，报道一校长给全体家长写了一篇长达 16 页的公开信。校长在信中警告家长们，他们的学区已面临极其严重的教学危机。在该学区，中、韩、印裔学生近年来增至 65%，家长们给孩子的压力也随之逐年升级。在一份上交的作业上，有位学生画了这么一个场景：一位母亲痛骂自己的孩子“真丢人”，只是因为孩子在一次考试中得了 A 而没拿到 A+。学校随后开始了普查，结果发现许多学生直言不讳地声称自己讨厌上学，或者表示极不理解为什么成绩高出一分有那么重要。

美国有线新闻网也在同年发表了一篇“亚洲学生面临太多学习压力？”的文章，其中提到在北弗吉尼亚州的一所高中，该校的 60%是亚裔学生。在长期高压下，一些学生产生了严重的心理疾病。据报道，美国有近三成的亚裔高中生因学习压力而患抑郁症，但多数家长对此茫然不知或不以为然。在美国硅谷的一所顶尖高中，亚裔学生占了一半。那里有 40 多名高中生因有轻生念头而住院治疗，6 个月内就有 4 位高中生自杀，其中 3 位是亚裔学生。文章称，那里的竞争环境十分可怕，学生简直像生活在地狱一般。

与大学排名相比，美国高中排名的含金量很低，也有极大的误导性。权威的大学排名参考了许多因素（如高校“权威学术论文数量”“学术界普查知名度”和“大学录取率”等），公立高中的排名则主要依赖于学生的考分。而多数私立高中属于宗教类学校，学校的状况复杂和不透明，公众很难了解其真实情况。此外，美国私立高中的学生人数只占一成，因此私立高中在美国没有多大的代表性。无论是公立还是私立学校，美高没有被大多数中学和大学认可的权威排名，现有排行榜的参考价值是极其有限的。

在我儿子入读的高中，亚裔学生占一成左右。尽管学校的排名很一般，但这样的环境反而能营造出更健康的学习环境，既能让亚裔学生重视学业，又能避免出现大家只拼考分的不好现象。在这个学校，每年都有许多亚裔学生被名牌大学录取，这并非偶然。中西教育文化本来就各有所长，一旦真正融合了它们各自的长处，培养出来的学生自然就更能符合美国名校的要求。

80. 父母应该站得高，看得远

搞教育不应该像做快餐。快餐是高能量、低营养的垃圾食品，好的教育像煲汤，需要细火慢炖。它从琢磨孩子的个性入手，再挖掘其兴趣点，最后陪其慢慢成长。

慢教育的理念在西方发达国家已有近百年的实践，持此理念的有美国的有机教育（Organic Learning）、德国的华尔道夫教育（Waldorf Education）和意大利的蒙特梭利教育（Montessori Education）等。它们的形式虽然有所不同，却都有一个共同目标，那就是诱发孩子自主学习的愿望。慢教育的理念在美国知识阶层根深蒂固，因而不难理解为什么美国学校根本不存在一条录取分数线，中国的高考状元在美国名校那里也并不抢手。

教育需要爱心和投入，但更需要智慧。就像要顺着地势高低去挖渠、依靠地球的引力去引水，父母应该站得高，看得远，应该顺着孩子的猎奇心去引导、依靠他们的内在动力去求学。从诱发孩子的学习欲望，到磨炼孩子的韧性，再留给孩子足够的成长空间，这是一段我们在家教中走过的旅程。